高等学校新闻传播学类专业实践性教学系列指导书

网络与新媒体专业毕业设计（论文）指导

高 旭 吕从娜 张卿侨 主 编
刘 美 孟 杨 纪宏林 副主编

武汉理工大学出版社
WUTP Wuhan University of Technology Press

内容简介

本书依据网络与新媒体专业人才培养方案编写而成。全书共分 8 章，第 1 章对毕业设计进行了概述，包含毕业设计(论文)基本概念、指导思想、培养目标、基本要求和学术规范；第 2 章详细介绍了网络与新媒体专业毕业设计的框架与流程、指导原则以及考核与成绩管理；第 3 章介绍了选题及其意义、流程、类型、思路以及任务书撰写；第 4 章对开题指导进行了详细介绍；第 5 章对广告宣传类、电商推广类、影像创作类、信息动画类和新媒体产品交互类的案例进行了解析；第 6 章讲解毕业设计(论文)的撰写；第 7 章为毕业设计(论文)的答辩与考核；第 8 章为毕业设计(论文)经典案例解析。

本书选材注意把握网络与新媒体专业学生的知识背景与接受能力，以内容的全面性、实例的应用性以及指导书的系统性调动学生的阅读兴趣，帮助学生更好地完成毕业设计(论文)。

本书可供网络与新媒体专业的学生使用，还可供新闻与传播学科相关专业技术人员参考。

图书在版编目(CIP)数据

网络与新媒体专业毕业设计(论文)指导/高旭，吕从娜，张卿侨主编.—武汉：武汉理工大学出版社，2024.1

ISBN 978-7-5629-6921-1

Ⅰ.①网… Ⅱ.①高… ②吕… ③张… Ⅲ.①互联网络-传播媒介-毕业设计-高等学校-教学参考资料 Ⅳ.①G206.2

中国国家版本馆 CIP 数据核字(2023)第 229072 号

项目负责人：王利永(027-87290908)
责任校对：张莉娟
出版发行：武汉理工大学出版社
网　　址：http://www.wutp.com.cn
地　　址：武汉市洪山区珞狮路 122 号
邮　　编：430070
印 刷 者：湖北金港彩印有限公司
发 行 者：各地新华书店
开　　本：787mm×1092mm 1/16
印　　张：7.25
字　　数：155 千字
版　　次：2024 年 1 月第 1 版
印　　次：2024 年 1 月第 1 次印刷
定　　价：35.00 元

责任编辑：黄玲玲
版面设计：许伶俐

凡购本书，如有缺页、倒页、脱页等印装质量问题，请向出版社发行部调换。
本社购书热线电话：027-87391631　87664138　87523148　87165708(传真)

前　言

大学本科阶段的最后一个环节是毕业设计，毕业设计是对本科四年学习的归纳和总结，也是展示自己能力的一次机会，是学生毕业前要完成的重要的实践类必修课程。在新闻传播学类专业引入毕业设计，最初的实践者来自深圳大学。对于像沈阳城市建设学院这样的应用型高校的新闻传播学类专业，一份好的毕业设计，更能体现学生在大学四年当中所学的专业知识和所掌握的专业能力。作品可能是一部影像作品、一份广告宣传策划案、一组新媒体产品设计、对现有项目或产品的改进创新等。比如一部叙事类的影像创作类短片，可以把大学四年所学的采访、写作、编辑、摄影、摄像、多媒体编辑、传播推广等知识都运用其中。

沈阳城市建设学院的网络与新媒体专业经历多年的探索，在毕业设计这个环节总结了不少有价值的经验。本书由沈阳城市建设学院高旭、吕从娜、张卿侨、孟杨、刘美、纪宏林老师编写，围绕毕业设计作品，从最初的选题确定，到采访、写作、编辑制作、多媒体传播、毕业设计答辩，辅以社会调查研究方法的指导，是一部指导新闻传播学类专业本科生进行毕业设计的方法论教材。

本书中的毕业设计案例由沈阳城市建设学院学生提供原始图纸及电子源文件，北京爱音斯坦文化传播有限公司、北京忠芯影业文化传媒有限公司、辽宁九恒视觉科技有限公司、辽宁威漫电子商务有限公司、辽宁南一传媒有限公司、沈阳木子星传媒有限公司等企业也提供了相关素材。在此向为这本书的出版提供帮助的老师、同学们和企业致以衷心的感谢。

由于时间仓促，加之作者的水平有限，书中难免出现一些疏漏，欢迎大家批评指正！

编　者

2023 年 10 月

目　录

第 1 章　毕业设计(论文)概述

1.1　毕业设计(论文)的概念

随着我国社会经济的不断发展,网络与新媒体技术在人们日常生活和工作中的应用越来越广泛。网络与新媒体专业已成为最受关注的专业之一,成为新闻传播教育的未来支撑。××××学院网络与新媒体专业以培养学生新媒体应用能力为核心,培养具备互联网创新思维的,精传播、懂设计、善运营的应用型人才。毕业设计(论文)在整个教学过程中占用学时最长,从开课到结束历时 13 周,是衡量学生综合水平的重要教学实践环节,也是课堂教育与职场岗位对接的重要环节,更是系统训练和考查学生理论和实践能力的过程,既可以培养学生的独立思考能力、综合分析和解决问题的能力、动手能力和创新能力,又可以培养学生的团队合作意识。

毕业设计应使学生在以下几个方面有较大的提高:通过阅读有关资料进一步了解本学科目前的发展情况;将所学专业基础知识、专业理论知识融会贯通;提高独立分析和解决实际问题的能力,积累一定的实践经验。网络与新媒体专业本科教学中,毕业设计(论文)所起的作用是其他教学环节不能替代的,其重要性不言而喻。

毕业设计的质量和水平是衡量学生综合能力的重要标志,是学生毕业与学位资格认证的重要依据,也是衡量一所高校实践教学水平的主要指标。

1.2　毕业设计(论文)目的及意义

学生对于大学本科毕业设计目的与意义的思考,特别需要统筹当下性与前瞻性、技术性与思想性、服务性与自律性、个体创造与社会发展需求等关系。本科毕业设计是学生四年来综合素质培养的集中体现。

1.2.1　毕业设计的目的

毕业设计是高等学校学生毕业前在教师指导下独立进行科学研究或工程实践并取得成果的过程。毕业设计是本科学生基本理论和基本技能培养的重要环节。高等学校毕业设计有如下几个目的:一是培养学生认真、严谨的科学态度和求真务实的工作作风。二是培养学生综合运用所学基础理论、专业知识和基本技能,发现、分析和解决与本专业相关的实际问题的能力,为今后从事科研工作、承担专门技术工作或参与项目设计工作打下一定的基础。三是通过毕业设计全面考查学生所学知识，初步培养学生从事科研工作的能力，培养学生综合运用所学知识分析问题、解决问题的能力。四是通过毕业设计让学生掌握新媒体内容的策划与制作、新型互动广告的策划与创意、新媒体数据监控系统的分析与应用等，能从事深度、综合性、跨学科的信息传播工作，同时也具备从事传播技术类工作的能力。五是通过毕业设计使学生加深对基础理论的理解，拓展专业知识，得到科研方法的基本训练，力求使学生在搜集资料、查阅文献、调查研究、方案制定、理论计算、设计绘图、实验讨论、模拟测试、计算机处理、写作论证、口述表达等方面的综合能力有明显的提高。

1.2.2 毕业设计的意义

毕业设计环节的重要特征是它的实践性和综合性。网络与新媒体专业在毕业设计教学环节中的基本要求是：培养学生综合运用所学专业的基本理论、基本知识和基本技能分析和解决实际问题的能力；培养学生初步掌握科学研究的基本方法，具备从事研究工作的综合技能和能力；培养学生在实践中认真严谨、求真务实的科学态度和工作作风，勇于开拓、勇于创新的精神。

毕业设计在教学过程中占有重要地位和作用，是达到培养目的不可或缺的综合性实践教学环节。毕业设计是高等学校教学计划的重要组成部分，是学生基础理论学习深化和升华的重要环节，是全面检验学生综合素质和实践能力的主要手段，是衡量高等学校教育质量的重要内容。做好毕业设计工作，对实现高等院校新闻传播学类专业的培养目标具有重要意义。

1.3 毕业设计（论文）基本要求、学术规范与写作规范

1.3.1 毕业设计（论文）的基本要求

通过毕业设计培养学生综合运用所学基础理论、专业知识和基本技能，提高分析和解决实际问题的能力，使学生在知识、能力和素质方面得到综合训练和提高。做到理论与实践相结合，达到教学与科研、生产相结合的基本要求。

毕业设计项目从内容到形式上都要健康向上，学生要依据市场经济发展的需要，设计出优秀的作品。学生要严格按照指导教师的要求选题，认真进行市场调查，制订出设计进度表，按照设计程序，创造性地、保质保量地完成各项设计任务，所选课题要尽可能做到与市场实际相结合，与生产实际相结合，与消费实际相结合，要有超前意识与引导消费的宏观目标。教师按毕业设计要求安排学生的毕业设计课题，对学生高标准、严

要求，定时检查学生毕业设计的进度和质量，凡未经教师审定的设计稿，不予通过。学生必须虚心听取指导教师的意见，严格遵守学校的各项规章制度。毕业设计期间原则上不得允许学生外出，如确有需要在企业完成的课题，事先需办理请假手续，经系毕业设计指导小组研究同意后，才能放行。对违规违纪的学生，教师要进行批评教育，情节严重的上报学院，由学院给予相应处理。

网络与新媒体专业毕业设计依据选题范围确定选题，一人一题，依照不同选题的具体要求进行具体的设计与制作，不符合要求者，视为无效作品。作品应能充分表现设计的主题，使设计目的与视觉效果相统一。设计创意与表现手法独到，传播效果好，展示效果风格独特，能体现时代的新精神和新审美标准。杜绝在网络上直接下载或抄袭毕业创作和毕业论文，同学之间的作品不得雷同。如发现以上情况，学校可取消其毕业设计与论文答辩资格。

1.3.2　毕业设计（论文）的学术规范

在毕业设计（论文）过程中，大多数学生能够在指导教师的指导下，潜心致力于自己的研究方向，刻苦钻研，写出高质量的毕业论文，但也有少部分学生存在不遵守学术规范的失范行为，常见的有以下几种情况：

（1）抄袭、剽窃他人文章和研究成果

部分学生抄袭、剽窃他人的文章和研究成果，有的是引用他人文章而不注明，有的是直接将大段文章据为己有，有的甚至是整篇论文只更改署名。所抄袭的刊物，从国内到国外，从核心期刊到一般期刊。

（2）造假篡改数据

有部分学生在数据、图表分析中，随意编造数据或有选择地采用数据证明自己的论点，胡乱得出结论。在学术研究中，这种主观臆造、主题先行的情况都在一定程度上存在，这种丧失“求实、诚信”的行为，将影响和误导其他科技工作者正确地开展工作。

（3）他人操刀代笔

部分学生缺乏科学精神和钻研精神，没有持之以恒的毅力，受社会浮夸之风影响，急功近利，为了获得学位请“枪手”代劳。

网络与新媒体专业毕业设计（论文）选题—文献综述—开题报告—形成观点—实验证明—提出结论，都离不开一些基础信息的使用和对他人成果的借鉴，以及在此基础上的创新，但总体上要求学生遵守学术之道，学会合理使用。

毕业设计（论文）中出现学术失范，有的属于学术道德的失范，有的属于学术法律的失范或学术技术的失范，为防止和避免毕业设计（论文）学术失范，学生应重点加强道德规范的学习，提高学术活动中的诚信意识，加强学术自律。学习和掌握相关法律法规和技术规范也是必不可少的，从法律层面和技术层面严格遵守学术规范。

1.3.3　毕业作品设计选题规范

1.3.3.1　毕业作品设计形式

指定：根据专业教师给出的题目进行毕业作品制作。

自选：已有就业意向的学生，可策划制作就业意向单位（媒体）指定的新媒体作品。

1.3.3.2　毕业作品设计类别

方向一：广告宣传类

收集项目相关文献资料与素材，按照市场需求完成项目宣传设计，根据创意设计提案部分的策划内容进行宣传设计，如 DM 宣传单、宣传手册、优惠券、海报、展架、自媒体广告设计等。设计项目总数不少于 20 项，设计成果图册不少于 50 页。

方向二：电商推广类

收集项目相关文献资料与素材，根据企业项目实际要求完成电商产品图拍摄，电商产品宣传海报、电脑端电商网页设计，移动电商平台设计，电商产品营销推广方案策划等。设计项目总数不少于 20 项，设计成果图册不少于 50 页。

方向三：影像创作类

收集项目相关文献资料与素材，按照企业及主题需求完成影像作品创作。作品时长不少于 10 分钟。作品需要呈现清晰完整的主题；表达合理的叙事逻辑，剪辑流畅；有高质量的声音效果；体现良好的画面录制效果和包装效果、字幕效果等；制作 1 幅作品宣传海报；设计成果册不少于 20 页。

方向四：信息动画类

收集项目相关文献资料与素材，按照企业及主题需求完成新媒体动画作品创作。作品时长为 3~5 分钟。作品需要呈现清晰完整的主题；表达合理的叙事逻辑，剪辑流畅；体现良好的画面动态效果、配音效果；制作 1 张作品宣传海报。设计项目总数不少于 10 项，设计成果图册不少于 20 页。

方向五：新媒体产品交互类（移动端）

收集项目相关文献资料与素材，按照企业需求完成新媒体产品交互设计，作品需要呈现清晰完整的品牌形象，向用户传达品牌精神；结合用户的心理体验、行为习惯、生活方式等因素，通过界面设计、动态效果设计、互动传播设计进行新媒体产品设计，具体应包括展示产品、交互等功能。设计项目总数不少于 10 项，设计成果图册不少于 50 页。

1.3.4　毕业设计(论文)的设计说明书规范要求

1.3.4.1　毕业设计（论文）装订顺序

毕业设计（论文）的装订顺序为：封面、中英文摘要与关键词、目录、正文、总结与展望、参考文献、致谢、附录。

1.3.4.2　毕业设计（论文）（即“毕业设计说明书”）版面格式的基本要求

（1）纸张：A4，单面。

（2）页边距：上 2.5cm，下 2.5cm，左 2.0cm，右 2.0cm；页眉：1.5cm；页脚：1.75cm；左侧装订，装订线 1 cm。

（3）页眉：根据实际改为“××××学院毕业设计说明书”或“××××学院毕业论文”（宋体、小五号字、居中），页眉线为 1 磅粗。从“中文摘要”页开始设置至“附录”结束（复印的英文原文无页眉）。

（4）字体：正文采用宋体、小四号字；西文、数字等符号采用 Times New Roman 字体。

（5）行距：1.5 倍行距。

（6）页码：位于页面底端右侧，采用 Times New Roman 字体、小五号字。“摘要”“目录”两部分页码分别以罗马数字（Ⅰ、Ⅱ、Ⅲ、…）单独编排；正文部分（正文、参考文献、致谢、附录）页码以数字（1、2、3、…）连续编排；外文原文（复印）不排页码。

1.3.4.3　摘要

（1）中文摘要（另起一页）

①标题“摘要”采用黑体、三号字、居中，两字之间空 2 个默认格式空格。

②正文采用宋体、小四号字。

③关键词采用黑体、小四号字、左对齐顶格，3~5 个关键词采用宋体、小四号字；关键词之间用“;”隔离，最后一个词尾不加标点，位于页面最底端。

（2）外文摘要（另起一页）

①标题“Abstract”采用 Times New Roman 字体、三号字、居中、加粗。

②正文采用 Times New Roman 字体、小四号字。

③“Key words”采用 Times New Roman 字体、小四号字、加粗、左对齐顶格，3~5 个关键词采用 Times New Roman 字体、小四号字；关键词之间用“;”隔离，最后一个词尾不加符号，位于页面最底端。

1.3.4.4　目录（另起一页）

（1）标题“目录”采用黑体、小二号字、居中，两字之间空 2 个默认格式空格。

（2）各级目录均选用“一级目录”样式，制表符前导符样式采用“……”，两端对齐，目录级别应显示到三级。

（3）内容采用宋体、小四号字。

1.3.4.5　正文（另起一页）

（1）正文采用宋体、小四号字。

（2）层次代号的格式如下：

第 1 章　章标题采用黑体、加粗、小二号字、居中，每章另起一页。

1.1　节标题采用黑体、加粗、三号字、左对齐、顶格。

1.1.1　三级标题采用黑体、加粗、小三号字、左对齐、顶格。

再出现下级标题依次为：

（1）　标题采用宋体、小四号字、左对齐、缩进二字符。

①　标题采用宋体、小四号字、左对齐、缩进二字符。

a）　标题采用宋体、小四号字、左对齐、缩进二字符。

1.3.4.6　正文中表的要求

表格整体居中。表名位于表格上方，采用宋体、五号字、居中。表按章编号，表名按“表 章号-序号　表名”顺序编排；“序号”与“表名”之间空 1 个默认格式空格，例：“表 3-1　测试数据”。表内文字采用宋体、五号字、居中（上下居中，左右居中）。当表格较大不能在一页打印时，可以“续表”，将表头及剩余表格另页打印，需在续表上方标明续表名称（宋体、五号字、居中），例：“续表 3-1　测试数据”。

1.3.4.7　正文中图的要求

图要清晰，图片要用原版照片。图片居中，图名位于图片下方，采用宋体、五号字、居中。图按章编号，图名按“图 章号-序号　图名”顺序编排，“序号”与“图名”之间空 1 个默认格式空格，例：“图 3-1　工艺流程”。

1.3.4.8　正文中公式的要求

（1）正文中公式在“公式编辑器”中编辑完成，公式居中。

（2）公式按章编号，按“章号-序号”写在公式的右边行末，采用 Times New Roman 字体、五号字、右对齐，例：“3-1”。

1.3.4.9　参考文献

（1）标题“参考文献”采用黑体、三号字、居中。

（2）类型：普通图书［M］，会议论文集［C］，报纸［N］，期刊［J］，学位论文［D］，报告［R］，标准［S］，专利［P］，论文集中的析出文献［A］，数据库［DB］，计算机程序［CP］，电子公告［EB］，联机网络［OL］，网上期刊［J/OL］，网上电子公告［EB/OL］，网上数据库［DB/OL］等。

（3）内容采用宋体、小四号字、左对齐顶格。

①专著、论文集、报告：［序号］主要责任者. 文献题名［文献类型标识］. 出版地：出版者，出版年：起止页码.

②期刊文章：［序号］主要责任者. 文献题名［J］. 刊名，年，卷（期）：起止页码.

③论文集中的析出文献：［序号］析出文献主要责任者. 析出文献题名［A］//原文献主要责任者（可选）原文献题名［C］. 出版地：出版者，出版年：起止页码.

④学位论文：［序号］主要责任者. 文献题名［D］. 出版地：出版单位，出版年：起止页码（可选）.

⑤报纸文章：［序号］主要责任者. 文献题名［N］. 报纸名，出版日期（版次）.

⑥电子文献：［序号］主要责任者. 电子文献题名［电子文献及载体类型标识］. 电子文献的出版或获得地址，发表更新日期/引用日期.

⑦专利：［序号］申请者. 专利名：专利号［P］. 公告日期［引用日期］. 获取和访问路径. 数字对象唯一标识符.

⑧技术标准：［序号］发布单位. 技术标准代号. 技术标准名称［S］. 出版社，出版日期.

1.3.4.10　致谢

（1）标题“致谢”采用黑体、三号字、居中，两字之间空 2 个默认格式空格。

（2）内容采用宋体、小四号字。

1.3.4.11　附录

（1）附录一

中文译文采用宋体、小四号字，页码续前页正文。

（2）附录二

外文原文采用外文文献复印件。

第 2 章　毕业设计(论文)管理

毕业设计（论文）管理是指对毕业设计（论文）进行规划、组织、实施和控制的过程，以确保毕业设计（论文）能够按照既定的目标和要求得以完成。毕业设计（论文）管理涉及多方面的工作，包括指导教师与学生之间的沟通、进度监控、质量控制、资源管理等。在毕业设计（论文）管理中，指导教师扮演着至关重要的角色。指导教师应该与学生建立起良好的沟通渠道，及时了解学生的研究进展和遇到的问题，并提供必要的支持和指导。此外，指导教师还应该监督学生的工作进度和研究质量，确保毕业设计（论文）能够按时完成和达到一定的质量要求。

除了指导教师之外，学生自身也应该对毕业设计（论文）进行有效的管理。学生应该认真制订计划、合理安排时间、充分利用资源，提高研究效率和质量。此外，学生还应该积极与指导教师沟通，及时反馈研究进展和遇到的问题，并按时提交相关材料，确保毕业设计（论文）能够顺利完成。毕业设计（论文）管理是确保毕业设计（论文）能够按照既定的目标和要求得以完成的重要保障。通过有效的管理，可以提高毕业设计（论文）的质量和完成率，为学生的学术研究和职业发展打下坚实的基础。

2.1　毕业设计(论文)的框架与流程

2.1.1　毕业设计(论文)的框架

毕业设计（论文）的框架是指毕业设计（论文）的基本结构和组织形式，是毕业设计（论文）管理中一个重要的概念。具体来说，毕业设计（论文）的框架反映了整个毕业设计（论文）的研究方向、内容、目的和要求。通过建立一个合理的框架，可以使毕业设计（论文）的研究过程更加有条理和系统化，提高毕业设计（论文）的质量和完成度。

从毕业设计（论文）管理的角度来看，建立一个明确的框架可以帮助指导教师更好地把握毕业设计（论文）的进展情况和研究质量。指导教师可以依据毕业设计（论文）的框架，对学生的工作进展和研究结果进行及时的监控和反馈，帮助学生纠正偏差和提高研究效率。

同时，毕业设计（论文）框架也是指导学生进行研究的重要依据。学生可以依据毕业设计（论文）框架，明确自己的研究方向和目标，合理安排时间和资源，提高研究效率和质量。在研究过程中，学生应该按照毕业设计（论文）框架的要求，逐步完善研究内容和研究方法，保证毕业设计（论文）的研究结果符合既定的目标和要求。因此，从毕业设计（论文）管理的角度出发，毕业设计（论文）的框架是确保毕业设计（论文）能够按照既定目标和要求得以完成的重要依据。

毕业设计（论文）的框架通常包括引言、标题、摘要、关键词、目录、正文、结论、致谢、参考文献、注释和附录等。

2.1.2　毕业设计(论文)的流程

毕业设计（论文）的流程包含组织动员、确定选题、提交申报书、下达任务书、教师指导设计、中期检查、教师评阅、答辩、成绩评定、归档等环节。

2.1.2.1　组织动员

各学院在毕业设计开始前必须组织由各学院专业负责人、全体指导教师、班主任及学生参加的毕业设计动员，组织学习相关设计要求和论文撰写规范，明确职责及要求。

2.1.2.2　确定选题

毕业设计选题的确定应符合学校人才培养目标的基本要求，体现高等院校艺术设计类专业的基本训练内容，题目范围不宜过大，难度适中，使学生得到比较全面的锻炼。为保证选题的科学性和实用性，各专业选题须经专业教研室集体讨论确定，并向全体学生公布。拟结合实习单位实际课题完成毕业设计的学生，可由实习单位的专业技术人员提供设计题目及任务书，经校内指导教师及教研室审核后方可作为设计题目。确定选题时应注意以下几个问题：

（1）选题要注意难易适度、分量合理、过程完整，有适当的阶段性成果，使学生在指导教师的指导下经过努力能够完成设计任务。任何选题都应有必要的文献、资料、数据、规范作为依据。

（2）要保证选题数量，一人一题。如必须由几个学生共同合作完成一个较大的毕业设计，每个学生都要参加大题目的总体设计，应采取不同方案、不同数据，或划分不同部分，明确每个学生独立承担的部分。对综合训练不足的选题，指导教师应适当增补选题内容。

（3）毕业设计的选题应避免上下届课题重复。各专业近两届毕业设计课题或内容重复率不得超过 10%。

2.1.2.3　下达任务书

任务书应在指导教师和学生根据选题要求相互交流后，由指导教师填写，经教研室和院系审核后下达给学生。学生根据任务书独立完成各项设计工作。任务书内容包括研究的目的和意义、技术要求、设计参数、工作要求、计划安排、主要参考文献等。任务书经审核同意后，学生开始进行毕业设计创作，教师可进行指导工作。

2.1.2.4 教师指导设计

毕业设计指导教师按照任务书的计划安排，对学生的毕业设计进行有针对性的指导，重点对学生的毕业设计调研、设计创作、进度、质量、重复率检测、评阅等工作进行全方位的跟踪与指导。指导时间不少于 12 周，每周不少于 1 次。

2.1.2.5 中期检查

毕业设计过程中，各院、系、教研室和指导教师要进行中期检查，对检查不合格的课题要限期整改。检查要点应包括以下三个方面：

（1）已完成工作及进度、毕业设计论文综合质量等情况。

（2）完成的工作中存在的问题，能否针对存在的问题制定相应措施。

（3）计划完成时间和采取措施是否可靠，能否按时完成设计任务。

2.1.2.6 教师评阅与答辩

毕业设计（论文）的评阅与答辩是对毕业设计工作进行全面检查的一个重要环节，实行指导教师、评阅教师、答辩小组（或答辩委员会）“三评审”制度。需分别填写指导教师评阅表、评阅教师评阅表、答辩小组（或答辩委员会）答辩表、毕业设计（论文）答辩后修改报告。答辩工作安排在毕业设计环节的最后两周进行。各系成立答辩委员会，上报各学院学位评定委员会批准并报教务处备案。答辩委员会下设若干个答辩小组，具体实施答辩工作。答辩委员会委员为 5~7 人，其主要任务包括指导、检查各答辩小组的工作，审核指导教师、评阅教师和答辩小组上报的成绩等。答辩小组成员一般不少于 3 人，其成员原则上应具有本专业中级及以上专业技术职务。答辩小组组长一般应由具有副高及以上专业技术职务的教师担任。学校应提倡聘请校外生产、科研单位或毕业生用人单位中有实际工作经验的专家参加答辩小组。答辩小组成员在答辩期间原则上不允许缺席。

（1）答辩工作程序

①答辩委员会在答辩前举行预备会议，听取系主任关于学生毕业设计工作情况介绍，明确工作任务、程序及评定成绩标准。

②学生将完成的毕业设计（论文、报告）及附件（图纸等）正本，按时呈交指导教师评阅。指导教师应对其所指导学生的毕业设计逐个进行评阅，写出评语，评定成绩，并对学生的答辩资格进行预审，提出是否允许其参加答辩的意见。

③评阅教师对毕业设计进行评阅。评阅教师一般由本校讲师及以上职称的教师担任；结合生产和科研实际任务的课题可以聘请有关单位的中级及以上职称的科技人员作

为评阅教师；指导教师不担任所指导学生的毕业设计（论文）评阅教师。评阅教师应对毕业设计（论文）写出评阅意见，给出评阅成绩。原则上评阅教师应参加答辩。

④答辩公开进行。毕业设计答辩时间为 20 分钟左右，主要环节包括：①学生自述毕业设计内容（5~6 分钟）；②教师质询、提问（5~6 分钟）；③学生回答问题（5~6 分钟）。

⑤教师提问的问题和学生的回答应在答辩表中做简要记录。答辩结束后，答辩小组应根据答辩情况评定学生的答辩成绩并给出“写实性”评语，如实反映所提的答辩问题和学生回答的情况，杜绝不同学生、不同题目评语雷同的现象。

⑥答辩小组成员应按照成绩评定标准对学生答辩情况给出答辩成绩。答辩小组在综合各成员评定成绩的基础上，确定学生的答辩成绩。

⑦答辩小组针对毕业设计（论文）存在的问题以及需要修改的地方，填写修改报告，连同其他材料一并交给指导教师审核、存档。

（2）不得参加答辩的情况

有下列情况之一的学生不得参加答辩：

①未完成规定任务者（包括文字和图纸）。

②有重大错误，经指导教师指出未修正者。

③毕业设计（论文）期间累计旷课达三天及以上者，或病、事假累计请假时间达毕业设计总时间的 1/3 及以上者。

④毕业设计（论文）有严重抄袭现象，查重率超过 50%，或弄虚作假、伪造实验数据者。

⑤毕业设计（论文）查重率在 30%~50%者，给予一次修改后再查重机会（查重费自理），若二次查重率仍高于 30%，则不得参加答辩。

2.2　毕业设计（论文）的指导原则

网络与新媒体专业毕业设计（论文）的指导原则主要包括以下几点：

1. 立足实际、注重实践

网络与新媒体专业的毕业设计（论文）需要紧密结合实际应用，注重实践性和可操作性。要遵循市场需求和应用前景，选题和设计研究方向应具有一定的实际意义和应用价值。

学生们需要将所学的理论知识应用到实际情况中，并对其进行实践验证。举例来说，如果一个学生正在进行关于社交媒体营销的毕业设计（论文），他们需要通过实践来验证理论知识的可行性。这可能包括对社交媒体平台进行分析，了解用户行为和消费习惯，并且针对这些数据提出一些社交媒体营销策略。接下来，学生可以通过实验或案例研究来验证这些策略是否有效，通过实践获得更深入的见解和结论。

另一个例子是，如果一个学生正在研究网络舆情分析，他们需要通过实践来收集和分析数据，建立数据模型，并设计出合适的数据可视化方式。通过这些实践过程，他们可以更好地理解舆情分析的原理和方法，并得出准确的结论。因此，立足实际、注重实践是网络与新媒体专业毕业设计（论文）中至关重要的指导原则，学牛们需要通过实践来证明其所学的理论知识的可行性，并且能够为实际问题提供解决方案。

所以在选定研究方向和题目之后，需要明确具体的研究目标和问题，确定研究的范围、深度和广度，以确保研究的科学性和针对性。严格执行科学研究规范，遵循科学的研究方法，如实地记录研究过程，分析数据，得出结论，并且严格遵循学术规范和道德准则。研究者需要对研究过程中产生的数据和结论负责，并保证数据真实可靠。综合运用相关技术和理论知识，结合实际需求和应用场景，完成系统化的设计、研究和实现。同时，需要结合实际案例，阐述理论知识的应用，以便更好地展示研究成果。

在毕业设计中，学生应该灵活应用各种技术手段，不断探索新的技术应用方式，以提高作品的质量和创新性。例如，对于互联网产品的设计，学生需要关注前沿技术，了解用户需求，并掌握适合产品的技术应用，以提高产品的用户体验和市场竞争力。学生在毕业设计的过程中，应该注重理论研究与实践探索相结合，根据毕业设计的需要，寻找相关的理论知识和研究成果，并将其应用到具体的设计中，以提高设计的质量和学术价值。例如，对于新媒体传播的研究，学生需要了解相关的理论知识和研究成果，结合具体的传播现象进行研究，并从中总结出规律性的结论。

2. 注重学科交叉与融合

网络与新媒体专业是一个涉及多个学科领域的综合性专业，因此，学生需要将不同学科领域的知识进行交叉和融合，以提高毕业设计的创新性和实用性。例如，对于移动应用程序的开发，学生需要掌握计算机科学、人机交互、用户体验等多个学科领域的知识，将它们有机地结合起来，以提高应用程序的质量和用户体验。

3. 适当的创新和拓展

在保证研究可行性和有效性的基础上，需要注重创新和拓展，提出新的问题、新的思路和新的方法，促进学科的发展和进步。但创新不能太过追求激进，要有一定的可行性和可操作性。

4. 规范的写作格式和要求

毕业设计（论文）需要按照规范的格式和要求撰写，包括封面、目录、正文、参考文献等部分，同时要求语言准确、流畅，排版整齐、清晰。在写作过程中，需要注重细节，注意避免语法错误和拼写错误，以保证文章的质量和可读性。

2.3　毕业设计（论文）的考核与成绩管理

网络与新媒体专业毕业设计（论文）的考核与成绩管理旨在保证毕业设计（论文）的质量，保障毕业生顺利毕业。考核与成绩管理主要包括以下内容：审核设计（论文）开题报告、中期答辩、毕业答辩、毕业论文评阅和答辩评分等。

开题报告是学生提交的一份关于毕业设计（论文）选题、研究内容、研究方法等方面的详细说明，审核设计（论文）开题报告是考核与成绩管理中的重要环节之一，主要是审核和评审学生的毕业设计（论文）选题是否符合学院和专业的要求，以及是否具备研究可行性和可操作性。学生需要根据学院的规定和要求，按时提交开题报告，经过导师的审核后，方可进入后续的研究阶段。如果开题报告审核不通过，学生需要及时修改并重新提交。

中期答辩是考核与成绩管理中的另一个重要环节。中期答辩是指学生在毕业设计（论文）一定阶段后，向导师和评委展示自己的研究成果，并进行现场答辩。中期答辩主要是为了检查学生的研究方向是否正确、研究进展是否顺利、研究方法是否得当等，以便在研究过程中及时纠正偏差、调整方向。中期答辩的成绩将计入最终的毕业设计（论文）成绩中，因此，学生需要在中期答辩前充分准备，以确保能够顺利通过。

毕业答辩是毕业设计（论文）考核与成绩管理中最重要的环节。毕业答辩是指学生在完成毕业设计（论文）后，向答辩委员会展示自己的研究成果，并进行现场答辩。毕业答辩主要是为了检查学生的研究成果是否符合要求，以及学生的研究能力和综合素质是否达到毕业标准。毕业答辩的成绩将直接影响学生的毕业论文成绩，因此，学生需要认真准备，充分展示自己的研究成果和能力。

在网络与新媒体专业毕业设计（论文）的考核与成绩管理方面，应该严格遵守学校的要求和规定，对于每一项指标都要有明确的评分标准和要求。同时，也要考虑到专业的特点和毕业生的实际情况，对不同类型的作品和不同层次的毕业生进行合理的评分。

1. **采用多元化的评分方式**

毕业设计（论文）的评分应该采用多元化的方式，既包括指导教师的评分，也包括专家的评审和同行评议。同时，还可以考虑通过答辩、展览、展示等形式，让学生向更广泛的观众展示自己的成果，获取更多的评价和反馈。

2. **给予及时、准确的评价和反馈**

对于每一位毕业生的毕业设计（论文），都应该给予及时、准确的评价和反馈。这不仅能够及时纠正不足，提高毕业生的技能和能力，也能够鼓励他们更好地展示自己的才华，创作出更优秀的作品。

3. 引导学生积极参与评价和反馈

在评价和反馈的过程中，应该引导学生积极参与其中，让他们了解自己的不足和优势，激发他们的学习动力和创作热情。同时，也可以通过评价和反馈的过程，促进学生之间的交流和互动，让他们相互学习、相互鼓励。

第 3 章　毕业设计(论文)选题指导

3.1　毕业设计(论文)的选题及其意义

毕业设计（论文）选题，顾名思义，就是选择毕业设计（论文）的题目，也就是说，在撰写毕业设计（论文）之前，选择要研究论证的问题。毕业设计（论文）选题主要是来自教师的科研课题、科研单位的课题、生产单位的实际问题以及学生自选课题。一般来说，学校毕业设计（论文）的题目基本上是学生在实习的企业或单位选择实习一线的实际问题作为毕业设计（论文）的题目。

毕业设计（论文）从提问开始，即从选题开始，选题过程实际上是进行毕业设计（论文）的准备工作，伴随着毕业论文材料的收集过程。选择课题进行研究，包括调查、实验、测试、分析数据等过程，形成自己的思路，然后起草提纲或设计方案，最后，写出论文或设计图纸和设计规范，并加以修改。这是一个紧密联系的系统工程。通过选题，可以看出作者的研究方向和学术水平。爱因斯坦曾经说过：提出一个问题往往比解决一个问题更重要。提出问题是解决问题的第一步。正确恰当的选题可以起到事半功倍的作用，对毕业设计（论文）具有重要意义。

第一，选题为提高毕业设计（论文）质量提供了保证。影响毕业设计（论文）质量的因素有很多，其中离不开调动人的主观能动性。毕业设计（论文）的题目无论是学生自己拟定的，还是在老师的指导下选择的，或是由学院（系、所、教研室）下达的，都离不开一个“选”字，都需要学生充分发挥自己的主观能动性，经过反复思考，相互比较后才能确定下来。自己选择题目，对选题由最初认识到认识不断加深，从感性认识升华到理性认识，最终才会获得一个较好的研究成果。

选题绝不是仅仅是给毕业设计（论文）定个题目和划定范围这样简单，选择毕业设计（论文）题目的过程，就是初步进行科学研究的过程，毕业设计（论文）题目一旦确定后，学生就应在头脑中形成一个大致的轮廓。毕业设计（论文）的选题有意义，最终呈现出来的毕业论文才会有价值，否则，即使花费了再多的时间和精力，毕业论文写得主题很突出，结果很合理，语言很流畅，格式很规范，从表面上看是一篇很不错的毕业论文，但也不会有积极的效果和较高的价值。

第二，选题有利于充分发挥学生的特长。学生根据个人实际情况选题，有利于扬长避短，弥补某个方面知识和技能储备不足的缺陷，并且做到有针对性、高效率地获取相关知识，利于早出成果。通过选题，学生对自己所要研究的对象有了初步的了解和认识，为下一步深入开展研究奠定了基础。从一定意义上来说，选题规划了毕业设计（论文）创作的蓝图，确定了毕业设计（论文）的研究角度和规模，决定了毕业设计（论文）乃至该项研究工作的方向和最终可能取得的成果。

第三，选题有助于学生研究能力的提高。大学生在校期间学习的知识很多，但知识并不等于能力，学生的研究能力相对还比较弱，要在应用知识的实践中，即在科学研究的实践中自觉地培养和锻炼才能得到提高。选题是大学生从事科学研究实践迈出的第一步，选题前要对某一学科的专业知识进行研究，查阅整理一些相关材料，有侧重地深化对所研究问题的认识，从而使自己的分析综合、判断推理、归纳演绎、联想发挥等方面的思维能力和研究能力得到锻炼和提高。

第四，选题合适可使学生顺利地完成毕业设计（论文）。选择合适的题目可以保证毕业论文写作的顺利进行。如果选题过于困难，学生就很难完成；如果题目太简单，就达不到撰写论文的目的。

总之，选题是毕业设计（论文）创作的初始阶段，也是毕业设计（论文）的重要组成部分。毕业设计（论文）应紧紧围绕教学大纲的培养目标、专业知识和技能，使学生通过综合运用来探索和解决一些实际问题。因此，选择一个好的主题是毕业设计（论文）的关键。同时，客观选题、避免盲目性是提高毕业设计质量的前提，毕业设计题目选择是否合适，直接影响着毕业设计的质量。选题要得当，因人制宜，有的放矢，难度适中，把握好分寸。选题不要超出学生的能力和学习时间的限制，要使学生既能完成任务，又能得到锻炼。

3.2 毕业设计(论文)的选题流程

3.2.1 教师选题申报书的撰写

指导教师应依据学生实习期间选择的题目，撰写选题申报书，完成选题申报工作。一般来说，学生毕业设计（论文）选题应该来源于企业的真实项目，有一定合理性和实际意义，能够帮助企业发现并解决目前存在的问题，改善企业环境，提高工作效率和服务质量。

毕业设计（论文）选题需要符合宏观要求和内涵要求。

（1）宏观要求

①选题难易程度、工作量应适当，应以加强学生创新意识和创造性思维能力培养为出发点。

②毕业设计须保证“一人一题”，即每个学生的毕业设计题目名称及内容均不相同。

③选题应符合应用型人才培养目标要求，突出专业内涵、知识内涵、能力内涵和目标内涵，提倡“真题实做”。

④本届与最近三届毕业设计题目应完全更新。

⑤题目名称一般不超过 25 字。

（2）内涵要求

①专业内涵：符合专业培养方案要求。

②知识内涵：有利于综合利用所学知识。

③能力内涵：有利于锻炼实际工作能力及培养创新能力。

④目标内涵：有利于培养应用型人才。

3.2.2　毕业设计（论文）选题的基本流程

确认选题前，指导教师应与学生进行充分沟通，进一步明确学生在实习期间的工作内容，与企业指导教师沟通，再进行选题确认工作。选题一般会采取“双向选择”“对号入座”形式进行，即学生需在教务系统“毕业设计—学生选题”模块中选择已确定的题目，指导教师登录系统后，依次点击“实践实验”—“毕业设计”—“课题申报管理”，再点击“申请课题”，完整填写课题相关信息送审至相应学院即完成一个课题申报，如图 3-1、图 3-2、图 3-3 所示。学生选题结束后，指导教师登录教师端“毕业设计”模块查看学生选题情况，对于未按要求选题的学生进行“退回”处理，并督促学生重新进行选题，确保学生在系统中的选题与实际已开展的选题一致。

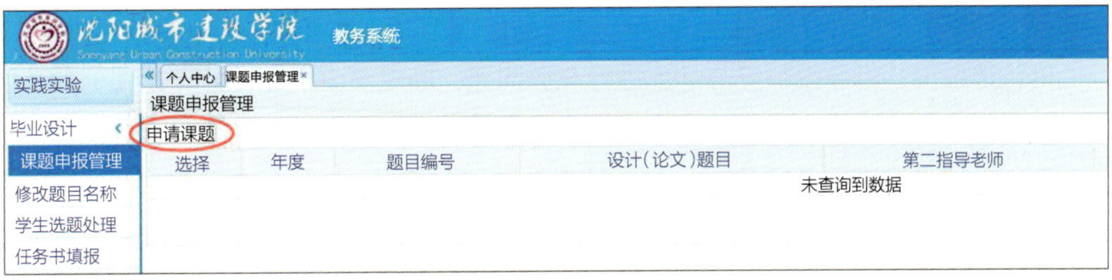

图 3-1　教师教务系统课题申报模块

图 3-2　教师教务系统课题管理模块

图 3-3　教师教务系统选题确认模块

3.2.3　毕业设计(论文)选题申请书的撰写

确认选题前，指导教师应与学生进行充分沟通，确定学生毕业设计（论文）的选题项目，撰写选题申请书。

选题申请书中需要教师填写一些基础信息和选题依据、设计任务和内容、成果要求等相关内容，如图 3-4 所示。选题申请书经教研室和学院毕业设计审定委员会审核通过之后方可下发给学生。

“选题依据”主要需写清楚设计题目的来源和意义、题目内涵、题目难易程度，以及教师对题目的把握等内容。“设计任务和内容”需要写清楚毕业设计（论文）的主要任务内容以及需要完成的设计内容。“成果要求”需要写清毕业设计成果、毕业设计说明书、成果图册及答辩 PPT 的具体要求，包括字数、规格、提交形式等信息。

××××学院
毕业设计选题申请书

<table>
<tr><td>设计题目</td><td colspan="5"></td></tr>
<tr><td>指导教师</td><td></td><td>职称</td><td></td><td>专业</td><td></td></tr>
<tr><td>指导教师单位</td><td colspan="2"></td><td colspan="2">是否首次指导毕业设计</td><td></td></tr>
<tr><td>选题依据</td><td colspan="5"></td></tr>
<tr><td>设计任务和内容</td><td colspan="5"></td></tr>
<tr><td>成果要求</td><td colspan="5"></td></tr>
<tr><td colspan="3">教研室审核意见</td><td colspan="3">（院）系审核意见</td></tr>
<tr><td colspan="3">教研室主任：

年　　月　　日</td><td colspan="3">（院）系毕业设计（论文）审定委员会主任：

年　　月　　日</td></tr>
</table>

图 3-4　指导教师选题申请书

3.2.4　学生选题流程及方法

毕业设计的选题可源于生产实际，在实践中锻炼大学生的创新能力，学生可到企业现场实习，在实习期发现问题、提出问题，并给出解决问题的思路或方法，这不仅提高了大学生理论与实践相结合的能力，更重要的是培养了他们的创新思维。

毕业设计的选题可以以学生的就业为导向，在本科生毕业设计阶段，很多大学生处于找工作状态，他们已大致确定了自己将来工作的方向，或者有些学生工作已经落实，此时如果毕业设计的题目与他们就业后所要从事的工作相关，可极大地促进学生的积极性和创新性，激发他们毕业设计的热情。

学生毕业设计（论文）的选题可以来源于实习期间的企业，主要是来源于企业的真实项目，可以通过参与企业的实践内容，帮助企业完成相关工作或者解决相关问题来完成毕业设计；选题也可以是对顶岗实习岗位工作内容的总结和研究，探索更佳的工作方式方法，提高工作效率；选题还可以是基本技能的综合训练以及专业知识、技能的提炼。

学生毕业设计（论文）选题也需要在教务系统内完成，进入沈阳城市建设学院教务系统后，依次点击页面左侧“实践环节—毕业设计—学生选题”即进入确认选题页面。如图 3-5 所示。

点击“确定”后，即完成学生确认选题工作。

图 3-5　学生毕业设计（论文）选题确认流程

3.3　毕业设计（论文）选题类型

网络与新媒体专业毕业设计（论文）项目主要包括广告宣传类、电商推广类、影像创作类、信息动画类、新媒体产品交互类（移动端）五大类型。学生可以根据自己的实习经历以及自己擅长的内容，综合分析，选定毕业设计（论文）的选题类型。

3.3.1　广告宣传类项目选题要求

设计内容：根据企业创意设计提案部分的策划内容进行宣传设计，如 POP 广告、DM 宣传单、宣传手册、优惠券、海报、旗帜、横幅、展板、灯箱、网站宣传、展架（易拉宝）、自媒体广告设计等，毕业设计作品册不少于 50 页。

3.3.1.1　《毕业设计说明书》要求

正文应对设计成果以文字的形式进行理论的总结与科学的阐述，具体内容包括：绪论（或引言）、设计中引用的理论知识导入、设计过程分析、结论、设计说明等。要求结构合理，条理清晰，内容完整，总字数不得少于 8000 字；附录中的外文资料译文不得少于 3000 汉字（格式详见学院要求）。

3.3.1.2　设计成果要求

（1）广告策划案：包括内容提要、市场环境分析（包括产品分析、企业分析、消费者分析或受众分析、竞争对手分析等内容）、营销提案、创意设计提案、媒介提案、广告预算、效果预测与评估。策划案的时间跨度为 1 个月至 1 年，内容为活动策划、某一季度策划、某一年度策划，不能选择超过 2 年的企业品牌塑造发展方略的超大型策划。可以根据实际情况自行添加内容。

（2）广告宣传设计：整体设计风格应突出企业形象，符合企业个性特点。包含 DM 宣传单、宣传手册、海报、广告旗帜、横幅、展架（易拉宝）、自媒体广告设计等各类广告设计，总数不少于 30 项，内容要求主题突出、创意新颖、构图合理，图像、色彩清晰，分辨率高。可适当加入动态视频形式，要求创意新颖。

（3）设计成果图册：可使用 Photoshop、Illustrator 等图形制作及图像处理软件进行广告宣传设计与推广相关成果制作。设计成果以成果图册形式呈现，图册用 A4 铜版纸单面打印，图片分辨率不低于 300 像素，使用 CMYK 颜色模式，封面覆膜，装订形式为精装，横幅，不少于 50 页。注意图册风格要与设计内容风格保持一致，包含个人简介、设计思路、毕业设计作品效果图展示。要求内容完整、规范，符合企业特点和要求，表现出企业精神，具有系统性，设计独特、新颖。

3.3.1.3 设计实物

设计实物根据应用产品尺寸规格比例制作 1∶1 的样品实物,设计实物不少于 10 种。

3.3.1.4 展板

60 cm×90 cm 展板要求竖排版，版式设计新颖，能够直观展现设计方案特色，并附设计说明，图像清晰，分辨率不少于 200 像素。

3.3.1.5 毕业设计答辩 PPT

PPT 根据个人设计方案特点进行美化，图文并茂，首页内容包含设计作品名称、学校、系别、班级、姓名、学号、指导教师等 7 项具体信息。

3.3.1.6 设计成果电子版光盘要求

按设计成果内容分项设置文件夹，存放电子版源文件，提交光盘 3 张。1 张放入毕业设计档案袋；1 张院部留存；1 张教研室留存。

注：在设计过程中，允许利用网络提供的各种素材资源，但是不允许出现抄袭、直接复制他人作品的现象，不能直接使用模板，一经发现，毕业设计评定为不合格。

3.3.2 电商推广类项目选题要求

设计内容：根据企业项目实际要求完成电商产品图拍摄、电商产品宣传海报设计、电脑端电商网页设计、移动电商平台设计、电商产品营销推广策划方案等。设计项目总数不少于 25 项，设计成果图册不少于 50 页。

3.3.2.1 《毕业设计说明书》要求

正文应对设计成果以文字的形式进行理论的总结与科学的阐述，具体内容包括：绪论（或引言）、设计中引用的理论知识导入、设计过程分析、结论、设计说明等。要求结构合理，条理清晰，内容完整，总字数不少于 8000 字；附录中的外文资料译文不得少于 3000 汉字（格式详见学院要求）。

3.3.2.2 设计成果要求

（1）电商产品图拍摄：数量不少于 4 张，拍摄像素适宜，选择合适的拍摄样式，注意光线运用，与多角度拍摄相结合。

（2）电商产品宣传海报设计：数量不少于 6 张，图文结合、突出产品主体、艺术性排版处理、系列主题风格一致、有一定的视觉冲击力。

（3）电商网站设计：网站页面数量不少于 10 页，主题内容要合法、健康、实用；网页风格协调一致，结构应层次分明，页面设计符合色彩搭配要求，布局合理。

（4）电商平台移动端设计：页面数量不少于 4 页，平台内容要符合所选主题，内容规范，图形处理合理，符合设计要求。

（5）设计成果图册：可使用 Photoshop、Illustrator 等图形制作及图像处理软件进行电商产品设计与推广相关成果制作。设计成果以成果图册形式呈现，图册用 A4 铜版纸单面打印，图片分辨率不低于 300 像素，使用 CMYK 颜色模式，封面覆膜，装订形式为精装，横幅，不少于 50 页。注意图册风格要与设计内容风格保持一致，包含个人简介、设计思路、毕业设计作品效果图展示。要求内容完整、规范，符合电商产品特点和要求，表现电商特色，具有宣传性，设计独特、新颖、吸引目标受众。设计项目总数不少于 25 项，设计内容不少于以上类别。

3.3.2.3　展板

60 cm×90 cm 展板要求竖排版，版式设计新颖，能够直观展现设计方案特色，并附设计说明，图像清晰，分辨率不少于 200 像素。

3.3.2.4　毕业设计答辩 PPT

PPT 根据个人设计方案特点进行美化，图文并茂，首页内容包含设计作品名称、学校、系别、班级、姓名、学号、指导教师等 7 项具体信息。

3.3.2.5　设计成果电子版光盘要求

按设计成果内容分项设置文件夹，存放电子版源文件，提交光盘 3 张。1 张放入毕业设计档案袋；1 张院部留存；1 张教研室留存。

注：在设计过程中，允许利用网络提供的各种素材资源，但是不允许出现抄袭、直接复制他人作品的现象，不能直接使用模板，一经发现，毕业设计评定为不合格。

3.3.3　影像创作类项目选题要求

设计内容：收集相关文献资料与素材，按照企业及主题需求完成影像作品创作。作品需要呈现清晰完整的主题；表达合理的叙事逻辑，剪辑流畅；有高质量的声音效果；体现良好的画面录制效果和包装效果、字幕效果；制作一张宣传海报；毕业设计成果手册不少于 20 页。

3.3.3.1　《毕业设计说明书》要求

正文应对设计成果以文字的形式进行理论的总结与科学的阐述，具体内容包括：绪论（或引言）、设计中引用的理论知识导入、设计过程分析、结论、设计说明等。要求结构合理，条理清晰，内容完整，总字数不少于 8000 字；附录中的外文资料译文不得少于 3000 汉字（格式详见学院要求）。

3.3.3.2　设计成果要求

（1）作品时长与内容：视频系列作品总时长不少于 10 分钟，作品需要呈现清晰完整的主题、表达合理的叙事逻辑、体现高质量的画面录制效果，素材的使用比例不高于作品整体的 10%。

（2）拍摄设备与技术：能够使用高清拍摄设备（各类相机、DV、无人机等），进行高质量的画面录制，画面应达到 1920×1080 以上分辨率，MP4 格式，能够布置和使用优质的光源进行拍摄场景的布光，能够使用一定的影视收音设备获得纯净的人声和相关的声音效果。

（3）能够进行流畅合理的画面剪辑，节奏感明显，无技术型失误，有适合作品风格的影视配乐和音效，有制作完整的片头、片尾包装效果，能够在作品中制作图形、图像、动画等综合表现元素。

（4）设计成果图册：可使用 Photoshop、Illustrator 等图形制作及图像处理软件制作。设计成果图册包括影像作品成果的部分内容、作品的文学脚本、分镜头脚本、作品宣传海报，能够体现作品主旨和关键信息的视频截图不少于 30 页。图册用 A4 铜版纸单面打印，封面覆膜，装订形式为精装，横幅。注意图册风格要与影像作品创作内容风格保持一致，包含个人简介、创作思路简介、毕业设计作品创意草稿与拍摄执行过程、剪辑过程的照片记录展示等。

3.3.3.3 展板

60 cm×90 cm 展板要求竖排版，版式设计新颖，能够直观展现创作作品核心思想和特色，有作品名称、创作者和制作参与者的文字信息，图像清晰，分辨率不少于 300 像素。

3.3.3.4 毕业设计答辩 PPT

根据个人设计方案特点进行美化，图文并茂，首页内容包含设计作品名称、学校、系别、班级、姓名、学号、指导教师等 7 项具体信息。

3.3.3.5 设计成果电子版光盘要求

按设计成果内容分项设置文件夹，存放电子版源文件，提交光盘 3 张。1 张放入毕业设计档案袋；1 张院部留存；1 张教研室留存。

注：在设计过程中，允许利用网络提供的各种素材资源，但是不允许出现抄袭、直接复制他人作品的现象，不能直接使用模板，一经发现，毕业设计评定为不合格。

3.3.4 信息动画类项目选题要求

设计内容：收集企业项目相关文献资料与素材，按照企业及主题需求完成新媒体动画作品创作。作品需要呈现清晰完整的主题；表达合理的叙事逻辑，剪辑流畅；有高质量的声音效果；体现良好的画面动态效果和数据信息、配音效果；制作一张作品宣传海报；毕业设计手册不少于 20 页。

3.3.4.1 《毕业设计说明书》要求

正文应对设计成果以文字的形式进行理论的总结与科学的阐述，具体内容包括：绪论（或引言）、设计中引用的理论知识导入、设计过程分析、结论、设计说明等。要求结构合理，条理清晰，内容完整，总字数不少于 8000 字；附录中的外文资料译文不得少于 3000 汉字（格式详见学院要求）。

3.3.4.2　设计成果要求

（1）作品时长与内容：作品时长不少于 90 秒。作品需要呈现清晰完整的主题、表达合理的叙事逻辑、体现高质量的画面效果，素材的使用比例不高于作品整体的 10%。

（2）视频尺寸不小于 1000×700 像素；上交电子版 FLA 格式源文件，以及 SWF 格式和 MP4 格式视频文件。

（3）准确完成动画创作，短片内容完整且主题明确，创新能力较强，保证作品贴近动画设计方案，题材创意、动画渲染效果佳，有实用价值，综合表现能力好。

（4）动画宣传设计：通过 DM 宣传单、宣传手册、海报等实物形式进行产品展示。整体设计风格突出企业形象，符合企业个性特点。

（5）设计成果图册：可使用 Photoshop、Illustrator 等图形制作及图像处理软件制作。设计成果图册包括动画作品成果的部分内容、作品的文学脚本、分镜头脚本、作品宣传海报，能够体现作品主旨和关键信息的视频截图不少于 30 页。图册用 A4 铜版纸单面打印，封面覆膜，装订形式为精装，横幅。注意图册风格要与动画作品创作内容风格保持一致，包含个人简介、创作思路简介、毕业设计作品创意草稿与拍摄执行过程、剪辑过程的照片记录展示。

3.3.4.3　展板

60 cm×90 cm 展板要求竖排版，版式设计新颖，能够直观展现创作作品核心思想和特色，有作品名称、创作者和制作参与者的文字信息，图像清晰，分辨率不少于 200 像素。

3.3.4.4　毕业设计答辩 PPT

根据个人设计方案特点进行美化，图文并茂，首页内容包含设计作品名称、学校、系别、班级、姓名、学号、指导教师等 7 项具体信息。

3.3.4.5　设计成果电子版光盘要求

按设计成果内容分项设置文件夹，存放电子版源文件，提交光盘 3 张。1 张放入毕业设计档案袋；1 张院部留存；1 张教研室留存。

注：在设计过程中，允许利用网络提供的各种素材资源，但是不允出现抄袭、直接复制他人作品的现象，不能直接使用模板，一经发现，毕业设计评定为不合格。

3.3.5　新媒体产品交互类（移动端）项目选题要求

设计内容：收集相关文献资料与素材，按照企业需求完成新媒体产品交互设计，作品需要呈现清晰完整的品牌形象，向用户传达品牌精神；结合用户的心理体验、行为习惯、生活方式等因素，通过界面设计、动态效果设计、互动传播设计进行新媒体产品设计，具体应包括展示产品、交互等功能，毕业设计作品册不少于 50 页。

3.3.5.1 《毕业设计说明书》要求

正文应对设计成果以文字的形式进行理论的总结与科学的阐述，具体内容包括：绪论（或引言）、设计中引用的理论知识导入、设计过程分析、结论、设计说明等。要求结构合理，条理清晰，内容完整，总字数不少于 8000 字；附录中的外文资料译文不得少于 3000 汉字（格式详见学院要求）。

3.3.5.2 设计成果要求

（1）按照企业及主题需求完成新媒体产品交互设计。界面风格应该协调一致，结构应层次分明，内容重点突出，页面设计要注意色彩的搭配、布局合理性，以及要有一定的创意。提交作品尺寸要求为 640×1100 像素。若提交 MP4 格式作品文件，时长 3~5 分钟，可自配演示讲解音频，视频大小不超过 150M。

①结构设计要求：封皮、内容、结尾，不少于 3 个单元。应包含菜单导航条、时间线等内容（至少 15 页）。

②动态效果设计要求：单对象、多对象，循环、同时等。

③交互设计要求：触发时跳转灵活、连贯，不要出现卡顿现象。

④内容要求：背景、图片、文字和图形等布局合理，整体风格统一。设计方向要紧扣作品主题，图文声像俱全。可以包括评论、搜索、调查、跟帖、点赞等功能，素材的使用比例不高于作品整体的 10%。相关内容注意用词准确，语言精炼，突出主题。

（2）新媒体产品展示设计：根据创意设计提案部分的策划内容进行宣传设计，通过海报、DM 宣传单、宣传手册等至少 10 件实物形式进行产品展示。

（3）设计成果图册：可使用 Photoshop、Illustrator 等图形制作及图像处理软件制作。图册用 A4 铜版纸单面打印，图片分辨率不低于 300 像素，使用 CMYK 颜色模式，封面覆膜，装订形式为精装，横幅，不少于 50 页。注意图册风格要与设计内容风格保持一致，包含个人简介、设计思路、毕业设计作品效果图展示。

3.3.5.3 展板

60 cm×90 cm 展板要求竖排版，版式设计新颖，能够直观展现设计方案特色，附设计说明，图像清晰，分辨率不少于 200 像素。

3.3.5.4 毕业设计答辩 PPT

根据个人设计方案特点进行美化，图文并茂，首页内容包含设计作品名称、学校、系别、班级、姓名、学号、指导教师等 7 项具体信息。

3.3.5.5 设计成果电子版光盘要求

按设计成果内容分项设置文件夹，存放电子版源文件，提交光盘 3 张。1 张放入毕业设计档案袋；1 张院部留存；1 张教研室留存。

注：在设计过程中，允许利用网络提供的各种素材资源，但是不允许出现抄袭、直接复制他人作品的现象，不能直接使用模板，一经发现，毕业设计评定为不合格。

3.4　毕业设计（论文）的选题思路及选题方法

毕业设计是培养大学生专业能力的重要途径，也是大学生综合技术水平的重要体现。选择一个好的设计选题是毕业设计工作的关键，也是毕业设计顺利完成的基础。因此，选择一个好的选题是决定毕业设计能否成功的第一步。

3.4.1　毕业设计（论文）的选题思路

选择合适的设计选题是毕业设计的关键，需要考虑以下思路，提出具有实用性和技术性的设计题目，以保证毕业设计的成功完成。

3.4.1.1　参考所学课程

可以根据各学期学习的有关课程，根据所学知识提出一些独特的设计题目，这样的设计题目既能检验学生掌握的知识技能，又有助于设计工作的顺利完成。

3.4.1.2　参考相关文献资料

通过浏览各种相关的报纸、杂志、文摘等，可以熟悉行业中的新观念、新技术，可以从中选择一些适合自己的设计题目。

3.4.1.3　搜集行业常用资料

通过搜集相关行业的常用资料，可以选择一些可行的设计题目开展设计工作。在这种情况下，可以帮助学生更好地掌握行业的新知识，从而提出自己的新想法，研究它们的技术实现，有助于设计工作的完成。

3.4.1.4　参考实习实践经验

通过参考行业实践经验，可以从中挑选一些较为实用的设计题目，这样的设计成果可以在实际中使用，也可以检验学生的实际技能。

3.4.1.5　选择有新意的选题

此外，毕业设计（论文）还应该注重选题的创新价值，选择具有新意的题目。毕业设计（论文）成功与否、质量高低、价值大小，很大程度上取决于毕业设计（论文）是否有新意。所谓新意，即毕业设计（论文）中体现出新看法、新见解、新观点或在某一方面、某一点上能给人以新的启迪。毕业设计（论文）有新意，就有了灵魂，有了存在的价值。新意可从以下四个方面来考虑：

（1）观点、选题、材料直至论证方法都是新的。这类毕业设计（论文）完成好了，价值高，影响力大，但难度大。选择这类题目，须对某些问题有相当深入的研究，且有扎实的理论功底和写作经验。对于毕业设计（论文）来讲，限于学院的条件，要十分慎重，不提倡选择此类题目。

（2）用新的材料论证旧的课题，从而提出新的或部分新的观点或看法。如企业处罚文化这个题材，是前些年研究的“热点”问题，涌现了大量的研究成果，可以说是老题材了。可如果敏锐地抓住和谐的企业处罚文化，收集大量新的第一手材料，撰写出《建立和谐的企业处罚文化的途径和方法》一文，就会使人有耳目一新之感。

（3）以新的角度或新的研究方法重做已有的课题，从而得出全部或部分新观点。如同样是企业文化这个题材，《探索建立私营企业的企业文化》这样的文章就具有新意。

（4）对已有的观点、材料、研究方法提出质疑，虽然没有提出自己新的看法，但能够启发人们重新思考问题。

以上四个方面只要能做到其中一点，就可以认为文章的选题有了新意。

在选题的方向确定以后，还要经过一定的调查和研究来进一步确定选题的范围，直至最后选定具体题目。

3.4.2 常见的选题方法

3.4.2.1 浏览捕捉法

通过对现有的文献资料快速、大量地阅读，在比较中确定题目。浏览，一般是在资料达到一定数量时集中一段时间进行，这样便于对资料作集中的比较和鉴别。浏览的目的是在消化已有资料的过程中提出问题，寻找自己的研究课题。这就需要对收集到的材料进行全面的阅读研究，主要的、次要的、不同角度的、不同观点的都应了解，不能看了一些资料，有了一点看法，就急于动笔。也不能“先入为主”，以自己头脑中原有的观点或看了一篇文章后获得的想法去决定取舍。而应冷静地、客观地浏览所有资料，在浩如烟海、内容丰富的资料中汲取营养，反复思考、琢磨后，必然会有所发现，这是从事科学研究的人时常会碰到的情形。一般可按以下步骤进行：

（1）广泛地浏览资料，在浏览中要注意勤做笔录，随时记下资料的纲目，记下资料中对自己影响深刻的观点、论据、论证方法等，记下脑海中涌现的点滴体会。当然，手抄笔录并不等于有言必录，有文必录，而是要做细心的选择，有目的、有重点地摘录，当详则详，当略则略，一些相同的或类似的观点和材料则不必重复摘录，只需记下资料来源及页码，避免浪费时间和精力。

（2）将文献资料中的内容进行分类、排列、组合，从中寻找问题、发现问题。可以将资料分成系统介绍有关问题研究发展概况的资料，对某一个问题研究情况的资料，对同一问题几种不同观点的资料，对某一问题最新研究成果的资料，等等。

（3）将自己在实践中的体会与文献资料中的内容进行比较，找出哪些体会在文献资料中没有提出；哪些是资料中提出的看法，但自己的看法不同；哪些体会与资料中的看法基本一致；等等。经过几番深思熟虑后，就容易萌生自己的想法。把这种想法及时捕捉住，再作进一步的思考，选题的目标也就会渐渐明确起来。

3.4.2.2　追溯验证法

这是一种先有“拟想”，然后再通过阅读资料加以验证来确定选题的方法。这种选题方法必须先有一定的想法，即根据自己平素的积累，初步确定准备研究的方向、题目或选题范围。但这种想法是否真正可行，心中没有太大的把握，故还需按着“拟想”的研究方向，跟踪追溯。追溯可从以下几方面考虑：

（1）看自己的“拟想”是否对别人的观点有补充作用，别人是否没有论及或者较少论及自己的“拟想”。如果答案是肯定的，再具体分析一下主客观条件，只要通过努力，能够对这一题目作出比较圆满的回答，则可以把“拟想”确定下来，作为毕业论文的题目。

（2）虽然别人还未谈到自己的“拟想”，但自己尚缺乏足够的理由来加以论证，考虑到写作时间的限制，那就应该中止，再作重新构思。

（3）看“拟想”是否与别人重复。如果自己的想法与别人完全一样，就应马上改变“拟想”，再作考虑；如果自己的想法只是部分与别人的研究成果重复，就应再缩小范围，在非重复方面深入研究。

（4）要善于捕捉一闪之念，抓住不放，深入研究。在阅读文献资料或调查研究中，有时会突然产生一些思想火花，尽管这种想法很简单、很朦胧，也未成型，但千万不可轻易放弃。因为这种思想火花往往是在对某一问题作了大量研究之后的理性升华，如果能及时捕捉，并顺势追溯下去，最终形成自己的观点，这是很有价值的。

追溯验证的选题方法，是以主观的“拟想”为出发点，沿着一定方向对已有研究成果步步紧跟，一追到底，从中获得“一己之见”的方法。但这种主观的“拟想”绝不是“凭空想象”，必须以客观事实、客观需要等作为依据。

3.4.2.3　利用灵感法

平时上课或听讲座或看杂志的时候，某节课程内容甚至某句话，你特别有感觉或者对此特别感兴趣，不妨深入研究一下，查阅资料了解一下哪些问题已研究得比较透彻了,哪些是可以切入进去或从另外的角度谈谈自己的新见解,这也是一种选题的方法。

3.5　毕业设计(论文)任务书撰写

毕业设计（论文）任务书是毕业设计（论文）的重要组成部分，也是学生与指导教师之间交流的重要纽带。毕业设计（论文）任务书中包含了毕业设计（论文）内容、毕业设计（论文）目标、毕业设计（论文）要求等信息，是学生进行毕业设计（论文）的重要参考依据。因此，毕业设计（论文）任务书的意义不容忽视，它可以帮助学生厘清思路，掌握毕业设计（论文）创作技巧，从而完成优秀的毕业设计（论文）。

在确定毕业设计（论文）题目之后，指导教师根据选题来下达毕业设计（论文）任务书，包括设计任务和内容，题目知识及设计方法，设计条件，成果要求，时间进度安排和参考文献等。

“设计任务和内容”一栏应根据毕业设计（论文）题目填写。应该用一句话概括根据选题类型和题目需要进行的设计任务，再用一段话描述设计内容。设计内容是对设计任务的进一步阐述和详细说明。

“题目知识及设计方法”一栏里应对毕业设计（论文）题目和毕业设计的方法进行进一步说明。写清楚毕业设计题目里包含的专业内容和理论知识、技术路线、设计重点和设计难点等。让学生在进行毕业设计（论文）创作的时候能够厘清思路，查找专业资料，有的放矢地按照指导教师提供的设计方法和步骤进行毕业设计（论文）的创作。

设计条件主要指的是在进行毕业设计（论文）创作的时候需要具备的一些物质条件和设计要求，也就是完成毕业设计（论文）所必需的基础，比如理论基础、实验基础、相关数据和程序等，可以包括图纸资料、影音图像资料，等等。

成果要求主要包括毕业设计说明书要求、设计成果要求、毕业设计展板要求、毕业设计答辩 PPT 要求、设计成果电子版光盘要求等内容。根据不同的选题类型，具体的设计成果要求有不同的地方。相同的地方则按照专业统一要求完成即可。

时间进度安排则是根据实际情况，对毕业设计（论文）的整体工作进行规划，按周布置相关任务，让学生能够按照不同时间段的进度安排有序、按时地完成毕业设计（论文）。

参考文献即完成毕业设计（论文）需要参考的一些文献资料，中英文均可，列出 10 项内容即可。需注意的是，在参考文献里面要写清文章所在期刊或书籍的具体页码。

第 4 章　毕业设计(论文)开题指导

好的开题是毕业设计（论文）成功的一半，提高选题质量和水平的一个重要环节就是开题报告。本章将从选题调研的地位和作用、参考文献的检索方法、开题报告的撰写等方面展开，指导学生对选题进行论证和设计。

4.1　毕业设计选题调研

4.1.1　调研的地位和作用

毕业设计（论文）是教育与生产劳动、社会实践相结合的重要体现，是培养大学生创新能力、实践能力和创业精神的重要实践环节，对培养大学生探求真理、强化社会意识、进行科研基础训练、提高综合实践能力和素质具有不可替代的重要作用。

高质量的毕业设计（论文）选题调研是做好毕业设计（论文）选题的前提和基础，需要在前期调研过程中对选题质量进行系统的研究，切实了解毕业设计（论文）选题的质量现状，发现存在的问题，采取有针对性的措施，为切实提高毕业设计（论文）选题质量打下坚实的基础。

在调研的过程中可以明确选题的应用性、规范性等是否符合专业标准，通过选题调研也能够明确毕业设计（论文）的选题是否根植地方、融入地方、服务地方、聚焦地方或满足区域经济社会发展需要。

选题应从专业性、应用性、规范性和严谨性几方面进行选择。对于应用型大学的学生来说，更应注重其通过对所学理论、知识和技能的综合运用来解决实际问题的能力。通过调研，能够了解选题对象现状，掌握选题对象定位，进而确定设计（研究）思路，经过设计、修改、教师指导等一系列过程完成毕业设计（论文）。

4.1.2　调研的方法指导

4.1.2.1　文献研究法

这种方法是最常见的毕业设计研究方法，是指在研究过程中，合理利用书籍、期刊、调查报告、研究文档、学术论文、联机网络等公开的文献和研究成果来获取信息，明确研究问题，进行深入分析，提出有针对性的解决问题的方法，获取结论性研究成果，从而完成设计说明（论文）写作。

4.1.2.2 实践研究法

实践研究法是指通过实践调查、实验、模拟等手段，对现实问题进行探究，对现状进行研究，采取措施解决问题，力求取得实实在在的成果，是毕业设计选题调研中经常采用的方法，主要有以下三种方式：

（1）实践调查：是指根据实际问题，采用问卷调查、访谈、实地观察、实践研修等方式获取有关专业知识和服务项目的实际信息。

（2）实验：是指在控制实验环境中，通过对实验对象进行操作观察，来验证专业理论和解决实际问题。

（3）模拟：是指根据实际情况进行模拟，从而探究某种问题的发展趋势。

4.1.2.3 问卷调查法

问卷调查是一种常见的研究方法，它既可以用于研究文献，也可以用于研究实践。其基本原理是通过问卷调查，收集研究对象的信息，获得可靠的数据，从而推断研究问题的发展趋势和解决方案或结论。问卷调查法具有简便、快捷、灵活性高、可靠性高等特点。

4.1.2.4 实地调研法

实地调研法是指设计者或研究者根据研究目的和内容，到相关部门、单位或场所，进行实地观察、交流与探讨，收集相关的数据信息和资料，获得实地调研研究信息，进而得出客观和有效的研究结论。实地调研法让研究者能够对研究对象有全面的了解，可以更好地把握实际的情况。

4.1.2.5 数据分析法

数据分析法是指从现有数据中进行分析，推断出有用的信息，从而获得有效、客观、准确的结论。主要有资料收集、资料分析、计算机统计、得出结论等步骤。它可以及时、准确地反映实际情况，提高客观性，从而获得更好的成果。

4.2 毕业设计参考文献检索

4.2.1 文献检索的作用和意义

通过查阅相关文献，可以系统地分析所要设计和研究的问题，并收集与该特定领域相关的现有信息，从而了解人们在这一特定领域中都做了哪些工作。

文献检索能了解他人在题目所涉及领域的主要研究成果、研究的重点、研究的方法、已有的经验和所遇到的问题等，并能对所研究的重点、所涉及的领域、所达到的研究水平有所了解。

文献资料能够反映国内外研究学术思想和最新成果，查阅文献也能提供一些研究思路和方法。通过查阅文献资料，了解国内外最新的理论、手段和研究方法，从过去和现在的有关研究成果中得到启发，使研究范围内的概念、理论具体化，而且为更科学地论证自己的观点提供有说服力的、丰富的数据资料，使研究结论建立在可靠的材料基础上。

综上，通过文献检索的优势如下：

①为写作提供内容参考；

②更加具体地确定题目的内容；

③提供一些思路和方法，可能对现在的设计和研究有用；

④对设计研究方案提出一些适当的修改意见；

⑤为解释研究结果提供背景材料。

作者只有对有关材料进行充分的了解，才能避免与前人已经提出的观点重复，对设计、研究中可能出现的错误有所把握，利用提供的背景材料对设计、研究的结果进行解释。

4.2.2　文件检索的方法和途径

4.2.2.1　文件检索方法

（1）直接法

利用检索工具（系统）检索文献信息的方法，称为直接法，直接法又分为三大类：顺查法、倒查法和抽样法。

①顺查法是指利用检索系统由远及近地按时间顺序检索文献资料的方法。这种方法可以收集到某一选题的系统文献，适用于较大选题的文献检索。如已知某一选题的起始年代，现在需要了解其发展的全过程，就可以从起始年代起开始查找。

②倒查法是指从近到远，从新到旧，以逆时顺序利用检索工具进行文献检索的方法。运用此法可以最快获取最新资料。

③抽样法是指利用检索工具进行重点检索的一种方法，针对选题特点，选择该选题文献信息最可能出现或出现最多的时间段进行检索。

（2）追溯法

追溯法是指利用已经掌握的文献末尾所列出的参考文献，逐一地追溯查找引文，将文献信息的范围扩大。根据文献之间的引用关系，可以得到比较好的检索结果。

（3）循环法

循环法又称综合法。就是把以上两种方法综合运用起来，取长补短，相互配合。循环法兼有直接法和追溯法两种优点，可以查得更全面、准确的文献，是实际中采用较多的方法。

4.2.2.2 文献检索途径

（1）著者途径

按照著者、编者、译者、专利权人的姓名或机关团体名称的字顺，利用著者索引、机构（机构著者或著者所在机构）索引、专利权人索引的途径进行检索。

（2）题名途径

有的检索系统提供根据题名（书名目录、刊名目录）字顺检索的途径。

（3）分类途径

按学科分类体系进行文献检索。主要是利用分类目录和分类索引。

（4）引文途径

利用引文而编制的索引系统称为引文索引系统，它提供从被引论文中检索引用论文的途径，称为引文途径。

（5）序号途径

有些文献有特定的序号，如专利号、报告号、合同号、标准号、国际标准书号、刊号等。文献序号的特点是明确、简短和唯一性。依此编成的各种序号索引，能够为文献信息的检索提供途径，依据序号本身的顺序进行检索。

（6）代码途径

利用事物的某种代码编成的索引，如分子式索引、环系索引等，可以根据特定的代码顺序进行检索。

（7）信息路径

根据文献信息中所包含的名词术语、地名、人名、机构名、商品名、生物属名、年代等的特定顺序进行检索，能解决某些特殊问题。

4.2.2.3 文献检索工具

（1）SCI（Science Citation Index）是以基础科学为主，包括自然科学、生物、医学、农业、技术与行为科学等在内的国际索引。选用的出版物来自 94 个大类，40 多个国家，50 多种文字，这些国家主要包括美国、英国、荷兰、德国、俄罗斯、法国、日本、加拿大等，同时也包括一定数量的中文出版物。

（2）EI 是著名的工程技术类综合检索工具，由美国工程信息公司出版，收录的文献几乎涵盖所有的工科领域。例如：电力，电工，电子，自动控制，矿冶，金属工艺，机械制造，土建，水利等。

（3）ISTP（即科技会议录索引），是由美国科学情报学会编辑出版。该索引收录生命科学、物理与化学科学、农业、生物与环境科学、工程技术与应用科学等学科的会议文献，包括一般性会议、座谈会、研究会、讨论会、发表会等。其中工程技术与应用科学文献约占 35%。

（4）seek68 文献馆是一个海量中外文献数据库整合汇总检索平台，中外文献基本都可以在其中检索到。

（5）百度学术是一个涵盖各类学术期刊、学位论文、会议论文，旨在为国内外学者提供最佳科研体验的，提供海量中英文文献检索的学术资源搜索平台。

4.3　毕业设计开题报告撰写

4.3.1　开题报告的意义

为了保证毕业设计（论文）的质量，在做设计之前，一定要把开题报告撰写出来。在确定选题方向的情况下，学生应在调查研究的基础上写出开题报告，报指导教师审定。撰写开题报告，主要是从不同的方面来说明这个选题需要设计、研究，而且具备完成的条件，自己准备怎么完成，它是对选题的一种论证和设计。

要想撰写好开题报告，学生就应该进行调查研究，查阅相关资料和文献，了解国内外在这方面已经开展的工作还存在哪些不足，应该着重设计、研究哪些内容，自己对已有的理论与实验、实践研究的条件与手段有哪些认识。通过这一过程，可使学生对选题的目的更明确。

4.3.2　开题报告的格式及撰写

开题报告文字采用宋体、小四号字，1.5 倍行距，要求撰写以下基本内容：选题的目的与意义；本选题研究现状如何；完成设计任务的技术路线；设计任务的重难点；目前已完成的工作；关于后续计划等事宜。

4.3.2.1　选题的目的、意义

选题的目的、意义，就是选择设计、研究该选题的理由，选题的价值是什么。一般情况下，可先从现实需要方面谈起，由现实中存在的问题导出研究的实际意义。然后谈及选题理论性和学术性的价值，要写得具体一点，而且要有的放矢。

阐述目的和意义的侧重点有所不同，目的重在阐述选题要解决的问题，意义重在说明选题对这个领域的理论研究方面有哪些贡献，或者对实践有哪些帮助和指导。

4.3.2.2　本选题研究现状

应针对毕业设计（论文）选题，写出当前国内外的科研现状。一般包括：同一类型的选题，研究的广度、深度以及已经取得的成绩；需要进一步研究解决的问题。

表 4-1 所示为××××学院毕业设计开题报告。

表 4-1 ××××学院毕业设计开题报告

<table>
<tr><th>学院</th><th>专业</th><th>班级</th><th>学生姓名</th></tr>
<tr><td>(宋体、小四号字、居中)</td><td>(宋体、小四号字、居中)</td><td>(宋体、小四号字、居中)</td><td>(宋体、小四号字、居中)</td></tr>
<tr><td>设计题目</td><td colspan="3">(宋体、小四号字、居中)</td></tr>
<tr><td colspan="4">(宋体、小四号字、左对齐、1.5 倍行距)
学生应在本单元格内填入下列基本内容:选题的目的与意义;本选题研究现状如何;完成设计任务的技术路线;设计任务的重难点;目前已完成的工作;关于后续计划等事宜</td></tr>
<tr><td colspan="4">为落实“给学生有效指导”,教师应对上述内容提出具体意见,并对后续设计工作提出要求
指导教师:　　　　　　年　　月　　日</td></tr>
</table>

第 5 章　毕业设计(论文)创意指导

5.1　广告宣传类

5.1.1　广告宣传类毕业设计作品的策划案

广告宣传类毕业设计作品的策划案应该全面体现学生对基础理论、专业知识、策划能力、设计能力、表达能力综合运用的情况，有利于培养学生的创新能力和专业实践能力。

所谓策划方案，实际上是制定一种市场营销活动方案，而活动策划则是为了活动而进行的一种整体策划，能够很好地进行品牌宣传来提升企业的美誉度，帮助企业有效地提高产品市场占有率。活动策划步骤如图 5-1 所示。

图 5-1　活动策划步骤

一般而言，从策划目的的角度来分，活动策划可以分为以营利为目的的活动策划和以宣传推广为目的的活动策划；从活动平台的角度来分，活动策划可分为线上型和线下型两种形式。宣传推广活动策划不同于以营利为目的的活动策划，它的主要目的并不是产品的销售营利，而是品牌的宣传。线上类型活动是在互联网上进行的活动，其活动策划一般多见于各大电商平台，线上活动除了线上的促销活动外，还借助互联网的强大互动功能，开发出众多独具特色的活动类型，如众筹活动、团购活动、线上募捐活动等。线下活动是在实际生活场景中进行的活动，其活动策划一般多见于各种文艺晚会、各地商家促销活动等。但线下活动策划并不指只在线下进行的活动，大型的文艺晚会除了在演出场地进行外，还经常会在电视和网络上进行直播。

5.1.2 广告宣传类毕业设计作品的广告策划流程

广告策划可以分为以下三个阶段：

第一阶段，进行市场调查与分析。一是对产品进行研究，详细考察产品的生产工艺、质量、包装、销售价格、分销渠道、消费对象、市场份额等。二是针对市场上各类品牌的同类商品，对其生产、质量、包装、价格、经销渠道、消费对象、市场占有率、广告策略等进行详细的研究，并与广告产品进行比较。三是进行消费者调查分析，对市场上与广告产品相关的消费行为信息进行收集，分析消费者的购买动机和消费心理，如人们喜欢哪种产品，怎样使用产品，购买频率等。当上述调查完成后，必须统计分析所得信息，并撰写市场调查报告，为后续计划提供依据。

第二阶段是决策计划阶段。主要是针对广告活动的总体流程和具体环节进行决策和计划。一是进行广告战略决策，包括设定广告目标、设定商品销售目标、设定展销区等内容。二是在明确了广告的战略任务后要制定实现这一战略任务的具体广告策略，包括营销策略提案、创意设计提案、媒介投放提案等内容。三是编制预算，广告费用总额需做到与预算总额大致相符。第三阶段是评估阶段。主要是对广告发布后的传播效果和促销效果进行预测评估。例如：广告投放后或活动实施后，某产品知名度较之前有所提升。

一个优秀的广告策划案，必须将清晰有力的销售信息有效地传达给消费者，吸引消费者或大众的眼球，唤起他们的购买欲望，才能取得成功。

5.1.3 广告宣传类毕业设计作品的视觉设计

人类追求美，是从看到“美”之后的审美愉悦，即心理愉悦中衍生出来的。人类在长期生活体验中逐渐形成了对美的偏好，乐于接受美的事物。

一般而言，优秀的视觉类设计，从市场的标准、品牌推广是否成功的标准来说，要有“四好”，即“好看、好记、好懂、好用”。好看是指审美标准，好记是指便于记忆，好懂是指便于理解，好用是指便于应用与推广。而从创新突破的角度看，还应加入文化性、艺术性、视觉表现等标准。

具体来说，在制作静态广告、场景广告、网站广告、自媒体广告以及实物设计时要做到容易识别，形态、色彩、特征都应明确清晰，易识易懂；要有优美的视觉表现形式，审美达到一定标准；便于记忆并能够给人留下深刻印象；方便推广与应用；建立个性的识别系统；体现相应的文化倾向，不能违背国家法律、政策的要求。还要注意，在设计时不能只关注图形与审美问题，要善于归纳提取不同主题设计的评判标准，考虑文化信息传播和心理、价值观等问题。

同时需要注意设计的审美功能会受到政治、经济、文化、民族、宗教、历史思潮等的影响，具有明显的多样性和时代性特征。在设计过程中，标志的造型和色彩需要考虑使用某种形式美法则，这样会提高品牌的辨识度，从而达到品牌推广的目的。

5.1.4　广告宣传类毕业设计作品的创意应用

现代广告的核心功能有两个：促销和塑造品牌形象。企业通过广告作品宣传和广告活动宣传来传播商品信息，提高商品知名度，强化商品的个性化形象，可以有效地唤起顾客的消费欲望，从而增加顾客的购买量并吸引新的顾客，加快商品的流通速度，提高商品的市场占有率和销售额。广告在品牌形象塑造中的功效主要作用于品牌形象的外延部分，即公众对企业产品和服务项目的认知和评价状况，主要表现为知名度、美誉度与认可度三个方面。这就使广告本身具有极强的功利性和实用性。同时广告又有无穷无尽的表现形式：绘画、音乐、摄影、声像……几乎无所不涉，这又赋予了广告以艺术的特点。

毕业设计选题的理念、价值观，通过具体化、视觉化的视觉宣传方式，能够有组织、有计划、准确、快捷地传达出主题的内容，通过策划与宣传表达的方式得以外型化。策划案与宣传设计可以向公众展示该选题传承的文化理念，通过与广告受众进行深层次的交流，增强选题中所涉及产品或品牌的知名度和美誉度，再通过多媒体信息平台的传播，让大众产生信赖感。

我们可以根据应用产品的尺寸规格比例，运用不同设计形式、手法和策划宣传技巧来表现每部分内容，制作出 1∶1 的样品实物，使毕业设计（论文）选题作品的宣传与策划呈现协调、统一。

创意广告设计如图 5-2 所示。

图 5-2　创意广告设计

5.2 电商推广类

5.2.1 电商推广类毕业设计作品的选题

电子商务平台中的推广，一般来说，是指各公司通过互联网这种传播方式，将公司或者其宣发的产品在互联网平台中进行展示，从而把客户吸引过来。这是公司采取的主要营销手段之一，对于提升企业或其产品的知名度和社会曝光度来说是非常有效的手段，最终使公司产品销售额呈现上升的趋势。电商推广有市场上架和网络广告投放两种方式。

市场上架：企业首先将要宣传的产品上架至平台中，利用新媒体整合营销方式进行产品宣传，提升产品知名度，促使更多的消费者来购买，在一些时间节点中可以加入一些促销活动，而且让消费者更加相信品牌的产品质量和自身价值，从而提高产品的销量，带来更大的影响力。

网络广告投放：在电子商务平台中尤为重要的是要进行有针对性的市场精准投放，例如 CPC 和 CPM 等广告模式。应该根据品牌的营销目标和资金预算来选择比较适合的广告投放方式以实现品牌的宣传，从而提升品牌价值和社会影响力。

电商促销页面设计如图 5-3 所示。

图 5-3 电商促销页面设计

对于电商推广类毕业设计作品的选题，原则上一人一题，每位同学都能够结合企业项目来进行相关创作，有利于学生得到全面的锻炼，也有利于学生自主工作能力和创新精神的培养。

5.2.1.1　电商推广类毕业设计作品的选题意义

选题来源于企业的实际项目，属于品牌宣传项目。学生可以运用所学专业知识，结合在实习单位中学习的电子商务相关技能，完成品牌电子商务策划与推广，对该项目起到积极的宣传作用，有一定的应用价值和现实意义。有利于培养学生综合运用专业知识设计工作方案的能力，提高学生熟练运用电脑制图和设计的能力。

5.2.1.2　电商推广类毕业设计作品的选题内涵

该毕业设计选题符合网络与新媒体专业人才培养方案的要求，能较全面地反映学生综合运用专业知识的能力、设计能力、表达能力、创新能力和专业实践能力。

5.2.1.3　电商推广类毕业设计作品的选题难易程度

该选题属于企业电子商务推广策划，难易程度适中，既能锻炼学生独立分析和解决实际问题的能力，又能培养学生的创新意识和创新能力，还能够展示网络与新媒体专业领域发展的新知识和新技术。学生每个工作日工作 6~8 小时，13 周内能够完成毕业设计内容。

5.2.1.4　教师对电商推广类毕业设计作品选题的把握

课题指导教师多年从事网络与新媒体专业工作，有着丰富的设计经验和工作经验，具有指导此课题的专业条件，能够指导学生完成相关设计。

5.2.2　电商推广类毕业设计作品的商业拍摄技巧

5.2.2.1　精准还原色彩

对于色彩的精确表现和还原，广告和产品的拍摄标准比其他任何摄影类别都严格。

有些产品，比如化妆品或者布料，如果有细微的色彩差异可能就意味着另一种完全不同的型号。化妆品老板看着自己丰富的产品拍成照片变得难分彼此时，脸色绝不会好看。现在，网上购物引起投诉、退货最多的原因就是图片和实物的色差大，消费者认为图片与实物不相符。

不同拍摄角度下出现的色差如图 5-4 所示。

图 5-4　不同拍摄角度下出现的色差

5.2.2.2　去掉多余的“光”

轮胎与黑色橡胶制品，拍摄的难度在于缺乏足够的高光和反光；与此相反，不锈钢和表面经过抛光的金属制品，可能像镜子一样把它周围的一切反射出来。拍摄这类产品时，只靠后期修图是不行的。早在数码时代来临之前，广告摄影师们就对此专门总结出了一套特殊的拍摄办法。拍摄时，尽量保证周围场地处于光线很暗的情况下——甚至可以在需要的时候，用黑色的布料做一圈围帐，这样在不锈钢表面就不会反射出杂乱的环境了。布光时使用长方形柔光箱尽量靠近拍摄物，柔光箱会在物体表面映射出很醒目的白色高光条。如果想要高光多一点，那么多用几个柔光箱就会出现更复杂的黑白交错的效果。

深色背景商拍案例如图 5-5 所示。

图 5-5　深色背景商拍案例

5.2.2.3　质感刻画

突出的质感，来自于充分的光效。

如同人像拍摄时的布光一样，平淡的正面光线容易削弱体积感和质感；而在主光、阳辅光、阴辅光、轮廓光、背景光的多重组合之下，质感和体积感会表现得更加充分。

微妙的轮廓光的运用是刻画质感的诀窍，虽然不一定需要非常突出的光比，轮廓光的存在会给平淡的影像带来更多层次，不同材质的物体也会在明暗交界线的部分表现得特别突出。

5.2.2.4　营造氛围

仅就用光而言，菜品拍摄的用光方式比较简单，使用一支或两支加上柔光箱或反光伞的闪光灯，以较高的灯位从逆光、侧逆光位照射，就是大多数菜品拍摄的基本布光方式。不过，除了用光方式之外，菜品拍摄还有不少关键的经验和技巧。

菜品拍摄如图 5-6 所示。

图 5-6　菜品拍摄

拍摄用的菜品需要专门“特制”：烹制到正常火候的菜品在视觉上容易显得过焦过烂，用于拍摄的菜品最好烹制到三四分熟即可出锅；如果其中包含青菜，那么不经烹制直接加上去往往效果最好；为了获得饱满的色泽，可以在拍摄时给菜品重新刷上一层清油。

餐具在画面上的作用非常重要：菜品的档次，往往要靠餐具的精美程度来表现；白色的餐具也是让画面保持清爽的重要元素。

画面的整体氛围是拍摄效果的核心：暖色调更容易引起人的食欲，但菜品的拍摄要保证准确的色彩还原才能让观者感觉健康、新鲜，因此暖色调必须靠食品本身的色调和餐具、台布等搭配来获得。

5.2.2.5 精雕细刻

在国外，拍摄首饰是一件非常讲究的事情，一位拍摄珠宝首饰的摄影师绝不可能同时还给饭店拍摄菜谱。国内摄影师虽然还没有这样细化的行业分工，但近几年也表现出了越来越专门化的趋势。

首饰和“大件”物品的拍摄，从用光原理来说，并没有本质上的区别。不过，因为体积小，任何细微的调整都可能让光效变得截然不同，因此在用光上必须多花费时间和精力来更用心地控制。此外，影楼常用的灯光设备此时可能因为“笨重”而完全不适用，而经常拍摄珠宝首饰的摄影师，往往会自制一些专用的灯光设备——小型手电筒、LED 灯泡，甚至牙医专用的带手柄的小镜子，都有可能成为非常有效的布光工具。

珠宝拍摄如图 5-7 所示。

图 5-7 珠宝拍摄

珠宝会折射出特殊的美丽光泽，仔细观察，上面常有专门打磨出的很多细小的切面，布光的重点就在这些切面上。安排照明时，必须尽量通过布光让邻近的两个切面能够区别开，拍摄出的切面越多，珠宝就会显得愈发的玲珑剔透。为此常常需要动用多个微小的光源和反光装置。

如果珠宝表面光滑圆润，为了拍摄出透明、透亮的效果，通常的拍摄方式是在其后方放置集中强烈的点状光源，以表现珠宝特殊的质感。

5.2.2.6 凝固“看不见”的瞬间

广告上常见的“水花”飞溅的瞬间是如何拍出来的?

在“水花”溅起的瞬间恰好点亮闪光灯，就能凝住溅起的水花——这个道理，稍微有摄影基础的人琢磨一下就能明白，而问题就在于如何去把握这个“恰好”的一瞬间。

水花拍摄效果如图 5-8 所示。

图 5-8　水花拍摄效果

外行人可能会觉得需要用到高速摄像机，或者一遍遍按下快门等待水花“恰好”溅起的瞬间。事实上，专业摄影师绝对不会使用这样的“笨办法”。前者成本太高，而后者几乎是在碰运气，成功率太低。专业摄影师用普通相机和闪光灯就能凝住这样的瞬间，只需要增添一个小小的附件。

5.2.2.7　拍摄透明物体

使用逆光和底光，是拍摄所有透明物体的“不二法门”。

运用逆光拍摄非常纯净的画面，有了可以从后方和下方布光的静物台，拍摄干净、透明的画面会变得出乎意料的容易。静物台的台面一般是用玻璃或有机玻璃制作的，不用背景纸拍摄时会留下淡淡的投影。布光时可以完全“无视”拍摄的物品，仅从后方打光即可。想要获得纯白的背景，需要使用足够大的柔光箱或者漫射屏，只要背景的曝光超过 2 级以上，就会得到纯净的白色。

若想拍出均匀变化的背景效果，可用灯光照射白色漫射屏局部，并且注意控制背景过曝不能超过 2 级。在逆光照射下，玻璃制品会显得透明并只留下深色的轮廓。在玻璃器皿中加入一些透明的、带颜色的饮料，会让画面的变化变得丰富起来。

5.2.2.8　产品光绘的运用技巧

光绘是一种以光线做笔、逐步照亮被拍摄物体的用光方法。广告拍摄时可以使用专用的“光笔”，实际上就是一个采用 LED 照明、可以发出细小聚拢光束和可调节不同光源颜色的小型电筒。

在拍摄时锁定摄影机的 B 门或 T 门，在全黑的环境中将被拍摄物体的形状、细节用光笔“描绘”出来。曝光量的多少和比例，完全由光线照射、停留的时间长短决定。光笔不需要很高的亮度，拍摄时使用较小的光圈，反复“描绘”就可以相对从容，描绘的次数越多，产生偶然性光效的概率就会越高。

5.2.2.9 特殊的用光手段

在广告拍摄中，光绘也是一种很重要的特殊技巧。拍摄那些过于简单或者过于细小的物品时，运用光绘技巧往往能带来意想不到的效果。

5.2.3 电商推广类毕业设计作品中网页创意设计与搭建

电子商务网站指的是通过互联网提供商品和服务的在线平台。电子商务网站包括企业对个人销售平台、B2C交易平台及网络支付系统等方面，是传统零售行业与互联网融合发展的产物。电子商务网站建设是一项需要多维度规划和考量的系统性工程。

5.2.3.1 用户分析定位

目标用户群体：确定目标用户，包括其年龄、性别、地域、职业等特征，有助于制定相应的网站内容和推广策略。

用户需求分析：通过调研和数据分析，了解用户的购物需求、偏好和行为习惯，根据这些信息来设计网站的功能和界面。

竞争对手分析：研究竞争对手的优势和劣势，找出差距，并在网站建设过程中针对性地提升用户体验和服务品质。

5.2.3.2 页面设计

页面结构：合理的页面结构可以提高用户的浏览效率，要注意信息的分类和层级，使用户能够方便地找到自己想要的物品或服务。

用户界面设计：设计风格直观、简洁、美观，提供良好的用户体验。注意布局、色彩搭配、字体规范等方面，确保页面的易读性和美感。

响应式设计：考虑到不同终端的用户，如PC、手机等，要设计响应式页面，确保在不同设备上都能够良好地展示和操作。

5.2.3.3 功能开发

注册与登录：提供简单便捷的注册和登录流程，减少用户的操作步骤。可以考虑使用第三方登录，也可以使用手机短信校验码等方式，提升用户体验感。

商品展示与搜索：清晰明了地展示商品信息，支持多种筛选和排序方式，提供便捷的搜索功能，帮助用户快速找到所需商品。

购物车与结算：实现用户的购物车管理和订单结算功能，包括添加、删除商品等操作，支持多种支付方式，提供安全可靠的交易环境。

评价与评论：建立用户评价和评论系统，让用户可以分享购买心得和意见，提高网站的信任度和口碑效应。

客户服务：提供在线客服、售后服务等功能，及时回答用户问题和解决用户的困扰，增强用户对网站的信任感。

5.2.3.4　创意电商网站页面设计

我们常用的电商网站多数采用的是比较常态化的页面设计。有一些品牌想设计有创意的网站，会采用各种实验性的全屏布局，把各种功能聚合起来。这样的案例有很多，比如网站 Maradji.com 页面设计，如图 5-9 所示。

图 5-9　Maradji.com 网站页面设计

有些网站为了追求原创性，放弃了一些更为稳妥的计划。比如 Keus-Store.com，他们在设计上最激进的一点就是放弃了传统电商网站的导航规则，而是采用横向导航的模式，让用户在这个反常规的浏览机制下了解产品的细节。Keus-Store.com 网站页面的设计如图 5-10 所示。

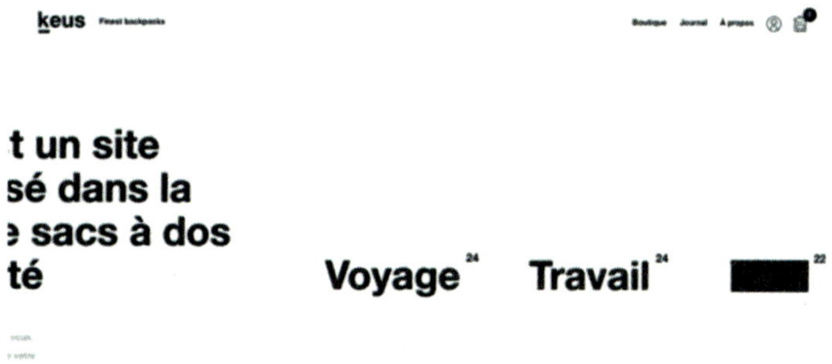

图 5-10　Keus-Store.com 网站页面设计

此外，我们还在 GUCCI 这个网站中看到了高度主题化的设计，产品的细节非常到位，水平滚动式的交互以及超大的图片让所有细节一览无遗。GUCCI 网站页面设计如

图 5-11 所示。

图 5-11 GUCCI 网站页面设计

有些独特的电商网站，比如 Aharveston Lineshop 是一家主打生鲜的电商网站，其设计也是别出心裁，从里到外的 19 世纪风格插画和排版，将整个网站的个性表露无遗。Aharveston Lineshop 网站页面设计如图 5-12 所示。

图 5-12 Aharveston Lineshop 网站页面设计

Studio Job 则将电商网站的体验推到了另外一个极致。在极简的布局下，粗野的设计风格被运用在呈现各种视觉元素上，从动画、微互动到妙趣横生的文案。Studio Job 网站页面设计如图 5-13 所示。

图 5-13　Studio Job 网站页面设计

Femme&Fierce 又是一个独特的网站设计实例，包含了很多有趣的微交互，既有动感十足的动画，又有有趣的细节，除此之外，网站的微文案也是口语化的表达方式，以可爱和机智著称。Femme & Fierce 网站页面设计如图 5-14 所示。

图 5-14　Femme & Fierce 网站页面设计

实际上，如今的电商网站设计师都在积极尝试各种新颖大胆的方案，而在技术上，视觉搜索、语音助理、预期设计、机器学习都具备良好的可实施性，让电商网站具备更多可能性。

在这些技术当中，视觉搜索是最重要的应用，在电商网站当中，最典型的使用场景是“搜索类似产品”。从 2016 年开始，阿里巴巴旗下的阿里速卖通就开始应用视觉搜索功能，Snapchat、Pinterest Lens、Google Lens 等也都是这方面的先行者。

人工智能和机器学习正在为用户提供个性化的服务体验，为零售商提供更深入的导购服务和资讯服务，通过更强的关联性和可访问性，改善搜索结果和提供建议。

毫无疑问，新兴的技术是改变用户体验最有力的基础，上面是我们搜集的较为具有创意的电商网站，希望它们能为设计者提供更多灵感。

5.2.4 电商推广类毕业设计作品中网络运营与宣传

5.2.4.1 网站的运营与维护

营销策略：根据用户分析结果制定相应的营销推广策略，如优惠活动、促销推荐等，吸引用户增加购物频次。

数据分析与优化：对网站运营数据进行监控和分析，了解用户行为和需求变化，进而调整网站的功能、内容和推广策略，不断提升用户体验。

用户反馈与改进：建立用户反馈机制，收集用户提出的问题和建议，及时作出回应并进行改进，增强用户满意度和忠诚度。

数据安全：保障用户个人信息和交易数据的安全，通过加密传输、防火墙等技术手段保护用户资料的机密性和完整性。

支付安全：采用可靠的支付体系，如第三方支付平台，确保用户支付过程的安全可信。

隐私保护：遵守相关法律法规，明确告知用户个人信息的收集和使用规则，保护用户的隐私权益。

5.2.4.2 网站的宣传与推广

在电子商务市场上，电商网站的宣传推广是企业成功的关键，要想让用户购买自己的产品，就必须采取有效的市场营销措施，使用户了解和认可自己的产品。

（1）开展社交媒体营销

社交媒体营销是电商网站推广最有效的方式之一，可以有效地推广品牌形象，增强品牌知名度，吸引消费者，提高销量。社交媒体营销还可以收集有关消费者喜好和行为习惯的信息，从而提高营销的有效性。

（2）开展电子邮件营销

电子邮件营销是一种有效的网络营销方式，将企业的产品和服务介绍给大量的潜在客户，吸引客户的眼球，打造良好的品牌形象，提升销售额。

（3）网站优化

SEO（搜吧）搜索引擎优化，这是一种用于将网站排名提升到搜索引擎前列，吸引更多目标受众，提升网站流量从而提高网站销售额的重要电子商务网站推广手段。

（4）在线广告

在线广告是一种重要的网络营销方式，是通过社交媒体、视频、搜索引擎等渠道将广告投放到目标受众，以提升品牌知名度、吸引潜在客户、增加网站流量，从而提高网站成交率。

（5）品牌联合推广

品牌联合推广是指两个或多个品牌合作开展活动，以最大程度地提高品牌曝光率，拓宽品牌影响力，增加网站流量，从而提高网站的销售额。

总体来看，电商网站的推广需要我们综合运用社交媒体营销、电子邮件营销、网站优化、在线广告及品牌联合推广等多种方式来实现最佳的推广效果。

5.3　影像创作类

5.3.1　影像创作类毕业设计作品的选题

选择一个合适的影像创作类毕业设计作品选题，需要考虑到学生的兴趣、专业方向、可行性和创新性。

兴趣与激情：鼓励学生选择他们真正感兴趣的主题，这将有助于他们更加投入地完成项目。

专业方向：考虑学生的专业方向和领域，选择与他们所学专业相关的主题。例如，如果学生学习的是新媒体编创或者影视制作，可以选择与影视拍摄、后期制作等相关的主题。

社会问题：考虑选择与当前社会问题相关的主题，通过影视作品探讨这些问题，以增加作品的社会影响力。当选择社会问题作为影像创作类毕业设计作品的选题时，学生可以关注一系列社会热点问题，以影视作品传达你对这些问题的观点和思考。比如针对环境保护和气候变化问题，创作一个短片或纪录片，探讨环境污染、气候变化等对人类的影响，呼吁人们采取行动保护地球；针对女性权益问题，制作一部影片，探讨女性权益及性别平等问题，展现女性在不同领域的成就和面临的挑战。

还有在科技发展和人类关系问题上，探讨科技对人际关系和社会互动的影响，如社交媒体的积极和消极影响。在健康与医疗领域，探讨健康保健和生活方式对个人健康的影响，以及如何提高公众健康意识。

在选择社会问题作为影视类毕业设计作品的选题时，关键是选择一个自己关心且进行过深入了解的议题，并通过影片呈现出你对这个问题的观点和思考。

在选择社会性问题的选题时，应确定影视作品的目标受众是谁，以明确作品的创作方向和风格，可以采用新颖的叙事手法。

学生在选题时应该进行充分的调研，了解类似作品和相关文献，以便在选题时避免重复和提升创新性。学生可以与指导教师进行讨论，听取他们的建议和意见，以帮助确定合适的选题。在选题过程中保持开放的心态，不断探索不同的可能性，直到找到最适合自己的创作方向。同时需要考虑项目的可行性，确保在规定时间内完成作品。

5.3.2 影像创作类毕业设计作品的拍摄技巧

影像创作类毕业设计作品的拍摄技巧对于制作高质量的影视作品至关重要。

5.3.2.1 规划与准备

在拍摄前应进行充分的规划和准备工作，包括剧本编写、场景设计、角色选择、服装道具配置等。

5.3.2.2 摄影设备

拍摄需选择适合的摄影设备，如摄像机、镜头、稳定器等。确保设备性能稳定，并熟悉操作方法。不同类型的作品可能需要不同的摄影设备。如果是外景拍摄，需要考虑轻便易携带的设备；如果需要拍摄特写或细节，可能需要高质量的镜头和摄像机。现代摄像设备通常能提供高分辨率和良好的画质，但需要根据作品的需求和目标平台（如电影院、电视、网络等）来选择合适的摄影设备。摄影设备如图 5-15 所示。

图 5-15 摄影设备

5.3.2.3 镜头选择

根据场景需求和表现手法，选择不同的镜头，如广角镜头、长焦镜头等，以获得不同的视觉效果。

5.3.2.4　稳定技术

使用稳定器、三脚架、平移云台等设备，确保镜头稳定，避免晃动和抖动。

5.3.2.5　光线控制

充分利用自然光和人工灯光，控制光线的方向、亮度和色温，以创造出适合情感和氛围的效果。

5.3.2.6　镜头运动

运用不同的镜头运动技巧，如跟焦、推拉、平移、倾斜等，增强画面的动态感和表现力。

5.3.2.7　构图与分镜

设计精心的构图，采用分镜技巧将镜头安排成逻辑流畅的序列，强化叙事效果。

5.3.2.8　景深控制

使用合适的光圈调整景深，突出焦点主体，实现背景虚化或前景突出效果。

5.3.2.9　对焦技巧

使用准确的对焦技巧，确保主体清晰锐利。可以尝试手动对焦或自动对焦跟踪。

5.3.2.10　色彩管理

在拍摄和后期制作中注意色彩管理，确保影片的色彩风格一致。

5.3.2.11　声音录制

除了图像，声音录制也非常重要。使用高质量的话筒、音频设备，避免噪声和杂音。

5.3.2.12　拍摄角度

尝试不同的拍摄角度，如低角度、高角度、特写、俯视等，丰富画面表现形式。

5.3.2.13　运动感表达

使用运动的元素，如追踪镜头、行进拍摄等，增加画面的活力和戏剧性。

5.3.2.14　实践和反思

在实际拍摄过程中不断实践和反思，尝试不同的拍摄技巧，找到最适合作品风格的方法。

5.3.2.15　后期剪辑

在后期剪辑中，可以进一步优化画面、色彩、声音，增强影片整体的效果。

5.3.2.16　学习和借鉴

观看优秀的影视作品，学习他们的拍摄技巧和表现手法，借鉴其中的创意和灵感。

5.3.3　影像创作类毕业设计作品的后期创作

后期创作涵盖了剪辑、特效、音效、调色等多个方面。

剪辑和组织：将拍摄的素材进行剪辑和组织，确保故事情节流畅、连贯。注意控制节奏，使影片的叙事更加引人入胜。

特效和视觉效果：使用特效软件，添加必要的视觉效果，如转场、字幕、动画、模糊、缩放等，以增强画面的视觉吸引力。

音效和音乐：添加适合的音效和音乐，营造氛围和渲染情感，提升观众的听觉体验。确保音效和音乐与画面相协调。

颜色校正和调色：进行颜色校正和调色，调整色彩、对比度、饱和度等，使画面的色调更加一致和有吸引力。

字幕和字体：添加字幕以传达信息，选择合适的字体、大小和样式，确保字幕清晰可读，不影响观看体验。

声音处理：进行声音的平衡和混音处理，确保音频质量清晰、平衡，避免噪声和杂音。

特色元素：添加一些个性化的特色元素，如动画片段、插图、卡通效果等，以突出影片的创意和风格。

修剪和调整：对每一帧素材进行修剪和微调，确保画面没有多余的部分，同时保持镜头的稳定性和流畅性。

反复审阅：多次审阅和预览影片，注意细节，确保没有遗漏和错误。

试映和反馈：在完成初步后期制作后，进行试映，听取他人的反馈意见，根据反馈进行必要的修改和改进。

渲染和导出：最终将影片渲染和导出成所需格式，以便在不同平台播放和分享。

学习和创新：学习后期制作软件的高级功能和技巧，不断尝试创新方式，以提升影片的质量和表现力。

后期创作是影视制作过程中的重要一环，可以通过精心的编辑和处理，将素材融合成一个有力的影片，传达出明确的信息和情感。在后期创作过程中，细致入微、耐心和创造力都是非常重要。

5.4 信息动画类

5.4.1 信息动画类毕业设计作品的选题

信息动画类毕业设计作品需要按照企业需求完成产品宣传短片设计，作品需要表现企业本身的文化内涵。产品宣传片能够让客户通过视频的声音、文字和影像等全方位的展示，可以对产品内部结构有较为深度的了解。信息动画具有以下优势：

(1) 大量的承载信息

信息动画以特有的形式对大量碎片化的信息进行整理，节奏较快，即便在有限的时间单位内也可以承载非常大的信息量，这是传统方式所无法比拟的。

（2）超强的互动感

信息动画可以满足不同表现需求，其风格多样化以及具有吸引力的新颖形式，极大地增加了信息的转化率，实现超强的互动，使之比传统电视广告更加适合在互联网传播。

（3）成熟的制作体系

信息动画制作流程已经相对标准化，质量可控度非常好把握，成熟的制作团队在市面上也比比皆是。

信息动画类作品是平面设计、动画设计、多媒体信息技术与新闻数据深度融合的产物。它以短小精悍、趣味性强、信息传达条理清晰、技术与艺术相结合的特点成为传播的一个新形式。信息动画类作品的制作流程一般分为选题、文案写作（前期策划）、数据整合（中期制作）以及后期合成等。

数据动画如图 5-16 所示。

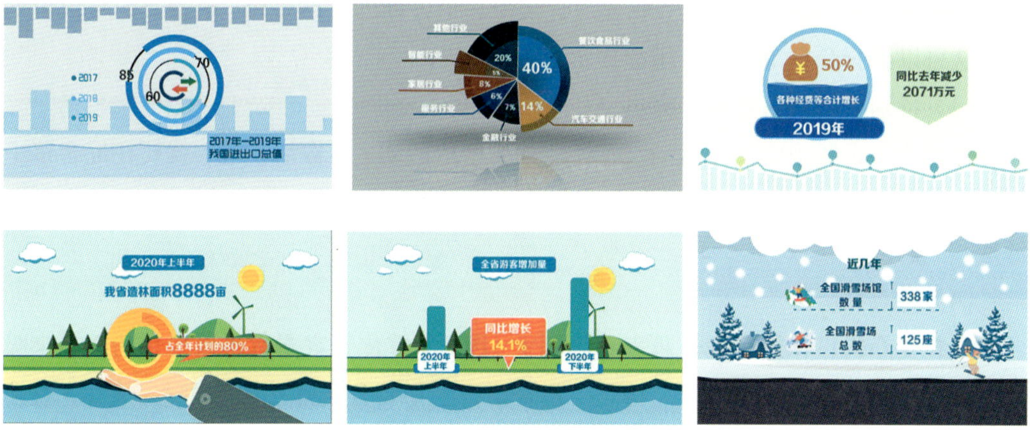

图 5-16　数据动画

5.4.2　信息动画类毕业设计作品文案的写作

动画作品文案的写作，首先要按照已经确定的动画风格进行细致的文案创作，描写也要和动画风格接近，这样才不会造成后期制作时的误差。要为整部动画设计一个完整的故事情节，包括背景、开始、过程、结果、影响等，完整的故事架构才能吸引观众。注意故事要合理，内容要流畅精彩，前后衔接不能生硬，不能让人听不懂。

接着每段分镜设计文案都要按照动画的整体架构来写，分镜要编号，动画分层也要备注，要完整详细地描述每段分镜的画面效果、人物动作、剧情发展等，这样在后期制作的时候才容易看懂，才能保证整段动画的连贯。

解说词的提炼是一个困难的过程。不仅需要注意解说词的科学性、逻辑性，也要注意趣味性和过渡连接，语言表达上尽量采用通俗易懂的方式。

最后，信息动画的色彩搭配要以文字说明或画笔色彩搭配来呈现想要达成的效果，配音也要进行详细的文案说明。

写配音文案时要注意以下几个方面：

（1）突出关键、重点的信息

写配音稿的时候，一定要有主有次，突出重点、关键性的内容，可有可无的话可以不说。我们要把焦点聚集在最重要的信息上，这样受众在有限的时间内就能一下子抓住这段配音想要传达的重要信息。

（2）开头、结尾要注意

写广告配音稿要注意开头、结尾。开头，要具体直观地突出广告主体的信息，包括公司的名称、公司在行业中的地位以及影响力，要以最简明扼要的语言抛出来。结尾有必要说明这家公司所在的地点，或者为听众留一个咨询的电话号码，电话号码可以说两遍。这可以给听众一个非常有用的提示。

（3）特别活动信息要加以突出

比如说要设置一个抽奖活动，或者是有奖竞猜活动、赠券活动等，就要在配音稿中体现出来，并加以重点强调，将如何参加、什么时间参加、参加后如何领奖等信息都写清楚。

（4）亮点突出

现在受众的口味可以说是越来越挑剔了。因此，宣传文案要有自己独特的亮点来吸引受众。配音文案不论在内容、构思，还是语言上都要有新鲜元素的注入。

5.4.3 信息动画类毕业设计作品的内容整合

动画类作品的设计主要围绕风格、角色、场景等展开。类似《飞碟说》和《壹读视频》这样通过旁白和音效进行内容呈现的短片，语言风趣幽默，声音在片中起主导作用。因此在解说词提炼的环节要格外注意，解说词不仅需要精炼、逻辑性强，而且要有趣味性、生活化，切忌死板。信息动画类作品除了解说词之外，生动有趣的画面至关重要。角色场景设计就是对整体风格、画面的呈现方式进行设计，如图 5-17、图 5-18 所示。

图 5-17　《飞碟说》片段截图

图 5-18　《壹读视频》片段截图

动画类作品的内容整合应该注意以下方面：

（1）开头要注意

一部足够吸引人眼球的动画能够在一开始就抓住观众的眼球，从而对后面的剧情产生期待，因此动画类作品的开头可以用比较有意思的语言表达，如以反问句或谚语、歇后语等作为开头。

（2）运用修辞手法巧妙

修辞的魅力在于能够通过简洁易懂的语言，让受众对晦涩难懂的产品概念有一个更好的认识。如巧用比喻、联想夸张、排比等修辞手法，能增强整个动画作品的可读性、可观赏性。

(3) 精简语言文字

如果动画作品大部分文案都是篇幅较长、不容易理解的语句，就会直接造成整部动画节奏拖沓。文案用词具体化、简单化，让动画作品更加直白、短小，让信息传达的效果更好。力求在短时间内，用最少的文字将信息表达清楚，让更多的听众能够接受并记住这些信息。

(4) 注重效益

比如在设计产品营销类的动画时，客户更看重的是产品能给自己带来的收益，所以在动画中就要着重介绍产品带给客户的收益，而不是产品本身。在动画制作之前进行市场调查，对主要受众群体最想了解的产品信息进行分析，将其加入动画设计中，就能取得不错的效果。

5.4.4 信息动画类毕业设计作品的后期配音

动画类作品脚本设计完成之后，需要寻找专业配音员进行解说词的录制。现在的手机设备录音的质量效果很好，可以直接采用手机进行录制，用 GoldWave 进行声音剪辑。另外，可根据设计好的脚本寻找合适的背景音乐和音效。

(1) 配音并不一定需要后期合成

动画类作品的配音进行后期合成的确是比较合理，但“飞碟说”节目的配音并不是后期合成的，这套节目全程采取视频直接录制形式，后期并没有开展过多修饰，而其配音之所以能够不同寻常，主要原因就源于这套节目的配音风格独具特色。

(2) 配音风格独具特色

“飞碟说”节目的配音，其情感非常丰富，不是单纯的旁白讲解，其声音更趋向于动漫、影视作品的风格，并不会像朗诵配音一般，一直拿捏着腔调，形成其独具特色的配音风格。

(3) 掌握配音风格的方式

配音行业内，曾经就“飞碟说”节目的配音风格开展讨论，学习其配音方式。首先，配音人应当将气息上浮，令声音愈发敞亮，再就是要提高配音的语速，最后就是要稍微拉长语音。只要掌握了这些要点，形成独具特色的配音风格并非难事。

(4) 配音风格多样化

不少专业人员尽管有自己独特的配音特色，但因为配音作品不一样，以及其角色的差别，常常也会调整配音风格，以适应不一样环境下的配音需求。

后期合成画面截图如图 5-19 所示。

图 5-19　后期合成画面截图

5.5　新媒体产品交互类(移动端)

5.5.1　新媒体产品交互类毕业设计作品的选题

新媒体产品交互类毕业设计作品主要需要按照企业需求完成新媒体产品交互设计，作品需要呈现清晰完整的品牌形象，向用户传达品牌精神；结合用户的心理体验、行为习惯、生活方式等因素，通过界面设计、动态效果设计、互动传播设计进行新媒体产品设计，具体应包括展示产品、交互等功能。

在进行选题的时候，应该注意的是交互设计是重点关注人与技术的互动。目标是增强人们理解可以做什么，正在发生什么，以及已经发生了什么。它是用户与产品之间交互过程的设计。因此，选题的时候应当把关注点放在一个真实存在且需要解决的问题上，深入挖掘这个问题，完成以用户为中心的产品交互设计。

5.5.2　新媒体产品交互类毕业设计作品信息结构设计

交互设计的主要内容之一就是信息结构设计。一个新媒体产品结构的好坏决定了这个产品未来的命运，拥有一个好的信息架构，才会有一个好的产品体验。

信息结构设计是对信息进行结构、组织方式以及归类的设计，好让使用者容易使用和理解，简单来说，就是对信息进行组织和分层，用户第一眼就必须知道这个产品是用来干什么的。如果新媒体产品 APP 的信息架构让用户感到迷茫，不知道怎么用，那么用户是不会在这个 APP 上停留太长时间的，用户使用 APP 不是用来学习怎样操作它的，一个好的设计要做到使用户很容易找到需要的功能，更好的体验将会带来更高的留存率。

APP 界面设计如图 5-20 所示。

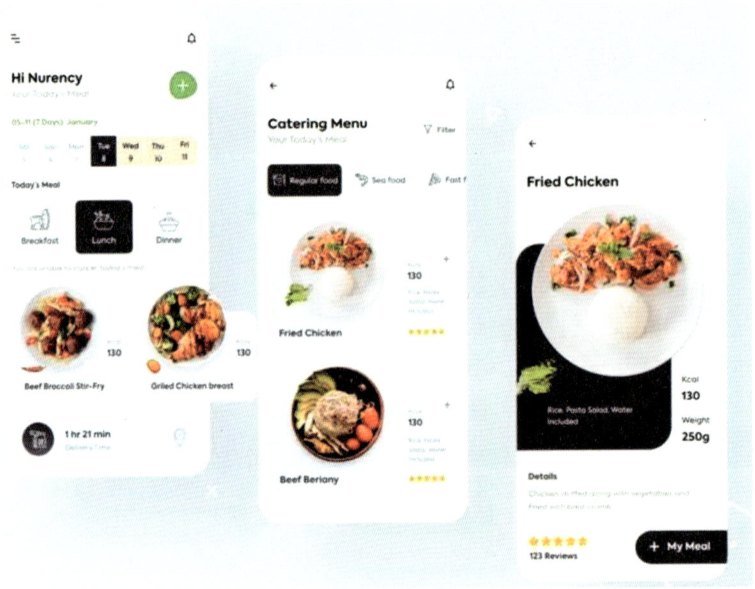

图 5-20　APP 界面设计

信息架构绝不是功能的简单堆叠，我们需要去重新组织、设计，提取出第一层级、第二层级、第三层级等功能层级，然后再进行有组织的排序。

5.5.2.1　产品信息结构设计的前期工作

（1）了解用户、场景、使用习惯

任何一个产品都必须考虑到目标用户，在设计前必须要对用户进行分析，如用户需要什么、他们用产品来干什么、最关心产品的哪些功能、有没有用过类似产品等。数据收集后，要制作用户角色模型。产品设计前是将用户放在场景中进行考虑，考虑用户在这个场景中使用产品会有哪些感受。抖音和腾讯的微视，都有相同的使用操作，为什么微视不采用另外一种方式呢？因为抖音已经培养出用户习惯，在找不到更好方式的情况下，尊重用户当前的使用习惯无疑是最好的选择。

（2）了解业务需求

这里的业务需求不仅仅是指新媒体产品目标，还包括运营需求、技术需求等方面的内容。

（3）竞品的调研

进行竞品的调研，主要是要分析设计产品与竞品的共性及差异，分析共性和差异形成的原因。共性是相同的部分，而差异就是进行创新的地方。比如抖音和微视，共性就是主要架构和操作是差不多的，而差异就是微视将“关注”移动到上部分的标签栏中，底部的导航栏加入了“发现”，进行了资源的组合与分类，这也算是一种创新。

5.5.2.2　产品信息结构设计

（1）整合信息，形成自己的产品框架

利用竞品分析和用户心智模型形成信息架构图，进行信息的整合。形成自己的信息架构图，可以利用思维导图和 axure 等工具。axure 界面如图 5-21 所示。

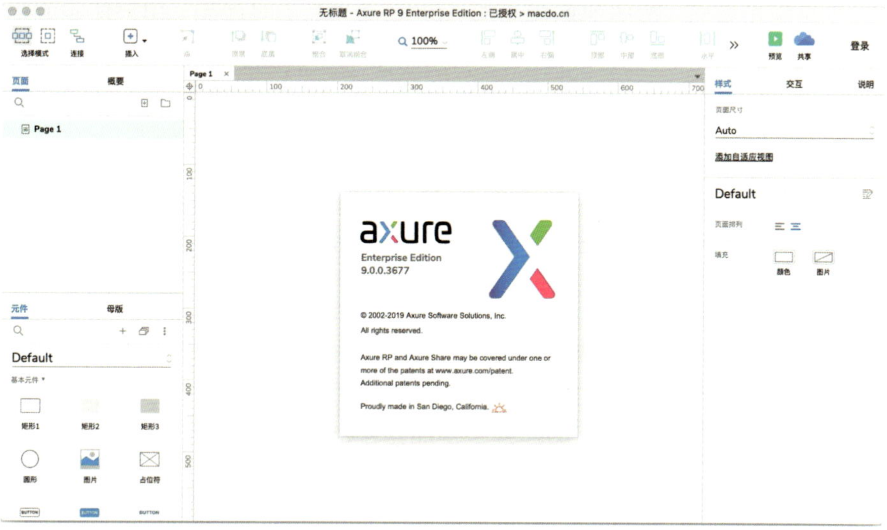

图 5-21　axure 界面

（2）寻找层与度的平衡

层是指广度，度是指深度，若两者之间把握不好，会影响用户体验。如果产品深度太深（8 个页面），用户是没有耐心继续往下翻页的。如果广度太广，用户无法很快看完这些信息。层和度是相互变化的，层多了，度就少了。在进行信息结构设计的时候要做到两者的平衡。

（3）验证核心使用流程

在信息架构完成后，要验证这个架构是否行得通，这是一个自上而下的过程，可以利用用户体验地图进行模拟。

（4）考虑信息架构与交互构图的关系

在移动端，一级导航分为 Tab 式导航与抽屉式导航。Tab 式导航中规中矩，容易让用户理解并且记住。抽屉式导航给人的感觉很酷，它将导航菜单隐藏在页面边缘。如果第一重要级不是很突出，最好不要使用抽屉式导航。比如打车软件与地图软件，地图的重要级就非常突出，在这样的情况下就可以使用抽屉式导航。

5.5.3　新媒体产品交互类毕业设计作品界面设计

用户界面设计是新媒体产品设计的重要组成部分。用户界面设计的三大原则是：置界面于用户的控制之下，减少用户的记忆负担，保持界面的一致性。

界面交互设计的第一步是用户分析。通过市场分析、竞品分析、用户分析等过程，确定 APP 整体的开发方案，明确用户使用这款 APP 的需求，如何满足用户这方面的需求，需要怎么设计功能模块等问题。可以先从大的功能模块入口，然后细分小的功能，再梳理业务流程、用户体验流程等，对功能模块的重要性、时序进行排序。

第二步是制作草图。按照前期规划的 APP 功能模块、时序图、用户体验流程等，通过线框的形式，制作出 APP 的草稿图，可以用笔画，也可以使用办公软件画。

第三步是制作原型图。利用专业的原型设计软件，对草图进行细节完善，设计出整体的 APP 原型图。

第四步是风格设计。每个人都有着不同的个性，APP 设计也是如此，我们需要为 APP 打造出独具特色的风格。可以参考同类型的 APP，然后设计出几种不同风格的样式以供选择。

第五步为页面设计。根据确定好的风格、原型图，对 APP 的页面进行效果图的设计。包括 logo、启动页、内页、页面元素、填充页、动态的产品页、活动页等，完成 APP 界面设计。同时也要给出切图标准，方便后续的开发。

5.5.4 新媒体产品交互类毕业设计作品交互编辑

人和人之间的信息交换叫交流，人造物和人造物之间的信息交换叫通信。一般而言，交互是人和人造物之间的信息交换。交互编辑是设计的一种类型，“交互”作为设计的对象存在。交互设计主要关注的是“行为”，也就是说，用户给出一些信息或者发出指令，网站或者软件给予反馈。

交互设计在实际的设计过程中，不仅要对产品使用的环境以及具体的任务加以考虑，同时在某种程度上更应该对用户本身的特点进行考虑，以提高用户和信息互动的品质。在设计交互方式时，应该注意以下几个方面：

5.5.4.1 设计符合用户习惯的交互方式

一个好的新媒体产品应该尽可能符合用户的习惯。新媒体产品的交互方式应该尽可能简单、易于理解和使用。

（1）在用户需要时提供帮助：新媒体产品应该提供帮助文档、提示和引导等，以便用户能够快速理解和使用新媒体产品。这可以帮助用户更快地上手，提高用户的使用体验。

（2）易于学习：新媒体产品的界面设计和交互方式应该尽可能简单和易于学习，以便用户能够快速上手。新媒体产品应该尽可能地减少用户的学习成本，让用户能够更快地掌握新媒体产品的使用方法。

（3）考虑用户的使用场景和环境：新媒体产品的交互方式应该考虑用户的使用场景和环境，例如在公共场合时用户可能需要使用静音模式或语音识别等。新媒体产品的交互方式应该能够适应不同的使用场景和环境。

（4）提供多种交互方式：新媒体产品应该提供多种交互方式，例如触摸、手势、语音和键盘等，以便用户能够根据自己的喜好和习惯选择最适合自己的交互方式。这可以提高用户的使用灵活性和使用体验。

5.5.4.2 良好的反馈机制

良好的反馈机制可以让用户更好地理解新媒体产品的工作原理，并及时得到相关反馈信息。良好的反馈机制可以提高用户对新媒体产品的信任和满意度。在设计反馈机制时，应该注意以下几个方面：

（1）明确的反馈信息：新媒体产品的反馈信息应该明确、简洁和易于理解，以便用户能够快速理解和记忆。反馈信息应该能够准确地传达给用户相关的信息，例如操作成功或失败、错误原因等。

（2）即时反馈：新媒体产品的反馈信息应该尽可能及时，以便用户能够快速知道自己的操作是否成功。及时的反馈可以增加用户的使用信心，提高用户的满意度。

（3）避免过度反馈：新媒体产品的反馈信息不应该过度，以免干扰用户的注意力和使用体验。反馈信息应该恰到好处，不过多也不过少。

（4）提供多种反馈方式：新媒体产品应该提供多种反馈方式，例如声音、振动、文字和图标等，以便用户能够根据自己的喜好和习惯选择最适合自己的反馈方式。多种反馈方式可以提高用户的使用灵活性和使用体验感。

5.5.4.3 易于使用的导航

易于使用的导航可以让用户更加方便地浏览新媒体产品程序。在设计导航时，应该注意以下几个方面：

（1）显示当前位置：新媒体产品的导航应该显示当前位置，以便用户能够快速了解自己所处的位置和状态。这可以帮助用户更好地理解应用程序的结构和功能。

（2）易于理解的导航标签：新媒体产品的导航标签应该易于理解和记忆，以便用户能够快速找到所需的功能。导航标签应该能够准确地传达给用户相关的信息，例如功能名称和功能描述等。

（3）提供返回功能：新媒体产品的导航应该提供返回功能，以便用户能够快速返回上一个界面。返回功能可以帮助用户更加方便地浏览 APP 应用程序，提高用户的使用体验感。

（4）提供搜索功能：新媒体产品的导航应该提供搜索功能，以便用户能够快速找到所需的功能。搜索功能可以让用户更加方便地浏览应用程序，提高用户的使用体验感。

第 6 章　毕业设计（论文）的撰写

6.1　引言、标题、摘要和关键词的写作

6.1.1　引言

引言是毕业设计（论文）的第一部分，也是写作中重要的部分之一。在引言中，作者需要介绍研究问题，说明研究的背景和意义，并概括研究的目的、方法和结果。本文将详细介绍如何正确写作毕业设计（论文）的引言。

6.1.1.1　引言的重要性

引言是毕业设计（论文）的开篇之作，也是展示研究价值和意义的重要环节。引言的主要目的是引导读者理解研究的背景、目的、方法和结果，从而使读者更好地理解论文的研究问题和研究成果。因此，良好的引言不仅能够吸引读者的注意力，还能够增强毕业设计（论文）的可读性和可信度。

6.1.1.2　引言的结构

1. 研究问题和背景

在引言的开头，作者应该介绍研究问题和研究背景。通过介绍研究问题和研究背景，可以使读者更好地理解研究的意义和价值。此外，作者还可以简要介绍相关文献的研究现状和进展，以表明本文的研究问题和研究成果的创新性和重要性。

2. 研究目的和方法

在介绍研究问题和背景之后，作者需要说明研究的目的和方法。研究目的是指研究的主要目标和研究问题的解决方案。研究方法是指研究的具体方法和步骤，包括研究设计、数据采集和数据分析等方面。

研究方法是毕业设计（论文）中非常重要的一部分，它描述了研究者在解决研究问题过程中采用的研究方法和具体步骤，展示了研究的可信度和可靠性。对于网络与新媒体专业，研究方法的写作也是需要遵循一定规范和方法的。下面将从研究方法的基本概念、研究方法的类型和研究方法的写作规范等几个方面进行详细介绍。

（1）研究方法的基本概念

研究方法是指研究者在进行研究时所采用的方法、过程和步骤。它包括数据采集方法、研究设计、统计分析方法等多个方面。研究方法在研究中起到了至关重要的作用，它决定了研究成果的可靠性和可信度。

（2）研究方法的类型

①定性研究和定量研究

研究方法可以分为定性研究和定量研究两种类型。定性研究强调对于事物的描述和理解，重在分析现象本身的内涵，常常采用深度访谈、案例研究等方法；而定量研究则注重数据的量化和分析，侧重于检验假设和推理，常常采用问卷调查、实验研究等方法。

②实证研究和文献研究

研究方法还可以分为实证研究和文献研究两种类型。实证研究是指通过收集和分析数据，来检验和验证研究假设的方法；而文献研究则是指通过收集、整理和分析文献资料来解决研究问题的方法。

（3）研究方法的写作规范

在撰写研究方法部分时，应当详细描述研究过程中所采用的研究方法和步骤。对于网络与新媒体专业的论文，可以介绍如何进行网络调查、社交媒体分析、深度访谈等方法。

①需要强调研究方法的合理性和可靠性。合理性指的是所选的研究方法和步骤必须与研究目的和问题相适应，不能盲目采用；可靠性则是指在研究中要保证数据的准确性和一致性，需要详细描述如何进行数据采集、处理和分析，以及如何保证数据的有效性和可靠性。

②需要描述数据的处理和分析方法。对于网络与新媒体专业的研究，可以介绍如何使用网络分析工具、社交媒体监测工具等软件进行数据处理和分析，以及如何进行统计分析和数据可视化等方法。在研究方法部分中，还需要强调研究的局限性和推广性。局限性指的是研究中存在的限制和不足，需要明确指出；推广性则是指研究成果的普遍适用性和推广价值，需要明确指出研究成果的应用范围和实际意义。

③需要遵循学术规范和标准。需要使用标准的学术术语和格式，对研究方法的描述要清晰、简洁，逻辑性强，不得出现虚假的数据和研究方法。

综上所述，研究方法描述了研究者在解决研究问题过程中采用的研究方法和具体步骤，展示了研究的可信度和可靠性。在网络与新媒体专业的论文中，应当结合实际情况，选用合适的研究方法，并且按照规范和标准撰写研究方法部分，以保证研究成果的可靠性和可信度。

3. 研究结果和贡献

在介绍研究目的和方法之后，作者需要概括研究的结果和贡献，使读者更好地理解本文的研究成果和贡献。

6.1.1.3　引言的写作技巧

首先突出研究问题和意义，引言部分应该突出研究问题和研究意义，让读者清楚了解论文的主题和价值。其次是合理选材，在引言部分，应该合理选择研究文献和材料，让读者更好地理解本文的研究问题和研究背景。同时，引言部分应该精简文字，控制篇幅。引言不是展开研究内容的地方，而是一个概括性的介绍，因此应该避免冗长的叙述。引言部分需要逻辑清晰、语言简洁，让读者容易理解。语言要简练、有力，表达研究问题的重要性和研究成果的突出贡献。在引言部分，需要突出研究的贡献，说明本文研究的创新性、研究成果的价值和意义。这有助于让读者对研究产生兴趣，也为后面论文写作提供思路。

6.1.1.4　引言写作的注意事项

为撰写好引言，需要注意以下几点：

首先，引言部分需要准确、真实地介绍前人的研究成果和研究现状，但是需要避免抄袭。作者应该根据自己的研究目的和方法，写出研究问题、背景和意义。引言部分应该按顺序展开，从研究问题到研究结果和贡献。避免在引言中跳跃式地展开研究内容，让读者容易理解和跟随。引言部分应该避免使用个人经历和情感色彩，以免影响读者的客观判断。引言应该客观、中立地介绍研究问题、背景和意义。

其次，需要用科学的语言表达，在引言部分需要用科学的语言表达研究问题和意义，避免使用口语化的文字或太过专业的学术词汇，让读者能够轻松理解。

最后，引言部分的撰写需要根据指导要求进行，包括字数限制、格式要求和内容要求等。遵守规范，确保引言部分的质量和效果。

6.1.2　标题

标题是学术论文的中心和总纲。论文题目要紧扣研究内容，体现文章主旨，突出创新点，题目切忌大和空、过于笼统，也要避免过于冗长。题目要反映论文主要研究对象和所用方法、模型等，应尽量体现研究热点和普遍适用方法，以利于读者精确定位，从而增大检索量。在大多数数据库以题目和关键词检索为主的今天，论文题目的准确性、全面性和前沿性，对提高论文的检索率有很大帮助。

6.1.3　摘要

论文摘要索引是读者检索文献的重要工具，已成为当前科技信息情报检索的重要手段。摘要是一篇综合性的论文介绍，让读者对论文阐述的主要内容了然于胸。论文发表后，文摘杂志或各种资料库可直接使用摘要，无须修改或稍作修改，让读者及早了解论文的主要内容，以补充题名的不足，避免他人可能误解、遗漏甚至误写摘要的情况出现。论文摘要质量的高低，直接影响到论文被检索率的高低。摘要案例如图 6-1 所示。

摘　　要

于岁月中走来,在朝代更替中发展,华夏民族悠久的历史进程中,传统文化一直占据着重要的地位。它是文明传承演化而汇集成的一种反映民族特质和风貌的文化。在这其中,扇文化留下了极为绚丽的一笔。当今时代背景下,人们的生活水平逐渐提高,对国人来说,扇子,已经不局限于取风纳凉的功能,人们开始注重其艺术、审美、礼仪、文化等其他方面的属性。

因此,扇文化既是一种独特的物质文化,又是一种形态丰富的精神文化。以传统为根脉,文化为骨血,它长久屹立于传统文化宝库中熠熠闪烁。在信息更迭频繁的当下,更应赋予其新的生命力,使之得到认同、传承和发展。

本设计说明书对中国传统扇文化的发展情况进行研究,介绍了扇文化信息动画设计的过程及呈现,旨在实现中国传统扇文化的传播与推广。首先,对选题的背景及目的与意义等进行介绍。其次,结合调研的内容提出扇文化传播存在的问题,确定了中国传统扇文化信息动画设计的思路与方法。最后,对具体设计内容进行了详细介绍与呈现。

图 6-1　摘要案例

6.1.4　关键词

关键词是词语或词组，体现学术论文主题概念，体现论文特色，具有语义性，在论文中有明确的出处。关键词应该为专业术语，一般不用公式、化学式、缩写，以及不能反映学科专业的或自创的词，应尽可能从汉语主题词表中选择使用。

关键词一般为每篇 3~5 个，最多不超过 8 个，多个关键词之间用分号分隔。关键词的一般选择方法是：作者在完成论文写作后，从其题名、层次标题和正文（出现频率较高且比较关键的词）中进行筛选。

关键词案例如图 6-2 所示。

关键词：扇文化；传统文化；信息动画；文化推广

图 6-2　关键词案例

6.2　目录的撰写

在撰写毕业论文的时候，目录是很重要的组成部分，它提供了论文的结构和框架，让读者快速了解论文的内容和结构。一个好的目录可以让读者更加快速地了解整个论文的研究内容，并且方便阅读和查找所需信息。那么，如何撰写一个清晰、有条理的毕业论文目录呢?

在撰写毕业论文目录时需要包含以下几个基本要素:论文的章节和小节名称、章节和小节的页码。目录中的页码一定要准确无误，以便使读者可以快速且准确地找到所需内容。同时，页码的格式也需要规范，比如用阿拉伯数字，不要用罗马数字或其他格式。而且，目录的结构应该清晰、有条理。

目录一般要按照论文的结构来写，具体有这样几个部分：中文和英文摘要、正文、参考文献、附录。要求各部分按章节和小节顺序编写目录。同时，还需要注意目录的层级结构，如一级标题、二级标题等。

另外，以下几个方面也是撰写毕业论文目录时需要注意的：

（1）使用 Word 等文本编辑软件自动生成目录。这样可以避免手动编写目录时出现的错误，并且可以方便地更新目录中的页码和内容。

（2）目录中的章节和小节名称应该简明扼要，能够准确地反映出所涉及的内容。

（3）目录中的页码应该准确无误，可以通过多次校对来确保无误。

（4）目录中的层次结构应该清晰,可以使用缩进或不同的字体大小来区分不同的层次。

（5）目录中的章节和小节名称应该与正文中的标题保持一致,不要出现不一致的情况。

在撰写目录时，要注意目录的基本要素、结构、行文方式等。通过仔细撰写和校对，可以得到一个清晰、有条理的毕业论文目录。

6.3 正文的撰写

毋庸置疑，想要写出优质的论文，在写作正文之前一定要大量地阅读优秀的文献；想要写出有价值的论文，就必须了解现阶段最前沿的发展现状，了解过去的发展水平，并且整理出可能存在和需要解决的问题，这是我们撰写优秀论文的第一步。一般来说，我们应搜索大量的相关文献，前期进行大量的知识储备和积累。

我们要从绪论、本论、结论三个部分来撰写毕业论文正文。绪论部分是论文的开头，主要是阐述论文研究的目的，我们基于哪种情况发现了什么问题，在前人研究的基础上，用什么方法做出了什么创新，得到了什么结论，课题对于社会、行业发展有何意义等，让读者了解本篇论文的创作思路和目的。

本论部分是对我们如何发现问题、提出假说、进行实验、验证假说、解决问题进行详细阐述，在前人研究的基础上发现问题、创造性地提出假说、用前人研究的方法再现实验,或用新的方法重复实验,得出自己的结论,在这一部分中对自己的研究内容进行充分细致的展示。不仅要把研究方法表述清楚,还要把我们的研究数据采集过程进行详细的展示。

结论部分主要包括对研究内容的总结、研究意义的概述、研究过程中的不足以及对未来研究前景的展望等作进一步阐述。

6.4　结论和致谢的撰写

1. 结论的撰写

（1）结论需要详细描述研究数据的统计分析和结果呈现。在网络与新媒体专业的研究中，常常需要使用社交媒体监测工具、网络分析工具等软件进行数据处理和分析，以得出相应的研究结果。在描述研究结果时，需要按照研究问题和假设逐一展开，对每一个问题和假设给出相应的数据和分析结果，要确保数据的准确性和可靠性。在结果部分中，需要使用清晰、简洁的图表和文字描述，以便使读者更好地理解研究结果。除了展示结果之外，还需要对结果进行分析和解释，展示结果的意义和影响。

（2）结论需要根据研究结果，对研究问题进行回答，并给出相应的结论。在网络与新媒体专业的研究中，结论部分需要突出研究成果的实际意义和推广价值，以及对相关领域的发展和应用的启示和建议。在撰写结论时，需要对研究结果进行概括和总结，对研究问题和假设进行回答，并给出相应的结论和建议。需要注意的是，结论部分需要与前文相呼应，逻辑清晰，不得出现新的论点或数据。

（3）结论需要将研究结果进行简明扼要的总结，说明研究的主要结论和发现。需要用简洁的语言描述，同时需要避免使用太多的专业术语和缩略词，以确保结论能够广泛地被读者所理解。同时，需要针对研究问题提出具体见解，在结论部分中，需要对研究问题进行具体的分析和讨论，提出自己的见解和建议。在阐述见解时，需要基于对研究结果的分析和归纳，提出自己的看法和思考。需要注意的是，提出的建议需要具体、实际，并且可行，能够为读者提供一些实际可操作的思路和启示。

需要注意的是，结论部分还需要突出研究的贡献和局限性。研究的贡献可以从理论和实践两个方面进行说明，例如对相关理论的修正和完善，或对实际问题的解决和改进。同时，也需要说明研究的局限性，阐述研究的不足之处，以及可能存在的误差和偏差。这有助于读者更好地理解研究结果，并且为后续研究提供参考和启示。

2. 致谢的撰写

毕业论文结尾一般要写致谢词，主要是表示对导师和给予指导或协助完成毕业论文工作的人员的谢意，表达对合作者劳动的尊重。

撰写致谢词的时候，还应向对研究提供技术支持和数据分析的人员表示谢意，向帮助自己的同学致谢、向父母致谢，等等，要感谢所有对你有过帮助的人。

致谢案例如图 6-3 所示。

致 谢

行文至此，落笔为终。我的本科四年也即将结束，这四年来，目光所及之处，充满回忆。我度过了人生中最宝贵的阶段，对自己所经历的一切可谓万般不舍，心怀感激。

四载寒暑，有幸遇到各位老师，感谢我的每一位老师，在我求学迷茫时给予我无私帮助，感谢在我的毕业设计阶段指导教师张老师的辛苦付出，给我提出宝贵的指导意见，才能使我顺利地完成毕业设计。感谢我的父母，在我学业之路上的陪伴与支持。感谢大学四年来我遇到的朋友、同学、室友，感谢大家一直以来对我的包容和理解，祝愿大家一切顺利，身体健康，前程似锦。

愿自己，所愿皆所得。

图 6-3　致谢案例

6.5　参考文献的撰写

参考文献是论文的重要组成部分，有足够数量的高质量参考文献，可以让我们的论文更有可信度，科研价值和学术价值更高。在大量阅读参考文献后，我们需要在使用前人研究结论时标注出引用部分，并在文末列出参考文献目录，注意参考文献一定要前后对应，不能出现正文有引用而后文没有罗列的情况，这样会导致论文格式不规范。参考文献应按照规范要求书写。

6.5.1　参考文献的类型

参考文献以单字母标识类型，具体如下：M—图书、C—论文集、N—报纸、J—期刊、D—学位论文、R—报告。对于不属于上述类型的文献，采用字母“Z”标识。

参考文献案例如图 6-4 所示。

参考文献

[1]Barrera Leon Luisa，Corno Fulvio，De Russis Luigi. How the Preattentive Process is Exploited in Practical Information Visualization Design: A Review[J]. International Journal of Human - Computer Interaction, 2023, 39(4):707-720.

[2]李婷，张春红. 基于信息可视化的动态图形设计应用研究——以科普动画设计为例[J]. 设计，2022，35(08)：140-142.

[3]程柳卓. 清代外销扇面水粉画研究[D].上海：华东师范大学，2021：1-120.

[4]窦倩倩，肖旺群，项传兵. 符号学视域下中国扇在现代产品设计中的应用探究[J].安徽工业大学学报(社会科学版)，2021，38(01)：43-46.

[5]鲁艳，祁和亮. 论 MG 动画在科普信息传播上的作用[J].美术教育研究，2021，1：87-88.

[6]李剑. 数字短片的文化阐释[M].武汉：武汉大学出版社，2020：1-234.

[7]邱平. 择扇而居　清风自来——略论中国扇文化历史与民俗内涵[J].民艺，2020，6：36-38.

[8]刁秋宇. “扇”以载道：设计视角下中国扇子的式微与回归[J].上海工艺美术，2020，3：56-58.

[9]倪雪莹. 概念、意象与传播[M].武汉：武汉大学出版社，2020：1-139.

[10]王昭. 基于用户体验的中国扇文化推广类网站的设计研究——以“京扇子”品牌官方网站设计为例[J].设计，2020，33(07)：28-31.

图 6-4　参考文献案例

6.5.2 参考文献的格式及举例

（1）期刊类

［序号］作者. 篇名［J］. 刊名，出版年份，卷号（期号）：起止页码.

例：［1］夏鲁惠. 普通高等学校毕业设计（论文）教学情况研究报告［J］. 高等理科教育，2004，53（1）：46-52.

（2）专著类

［序号］作者. 书名［M］. 出版地：出版社，出版年份：起止页码.

例：［5］GILL R. Mastering English Literature［M］. London：Macmillan, 1985：42-45.

（3）报纸类

［序号］作者. 篇名［N］. 报纸名，出版日期（版次）.

例：［17］FRENCH. W Between Silences：A Voice from China［N］. Atlantic Weekly, 1987- 8-15（33）.

6.6 注释和附录的撰写

注释是对论文中某些内容的解释或补充说明，可以帮助读者更好地理解论文的内容。在添加注释时，可以使用脚注或尾注的方式。

附录，是指论文中不便收录的研究资料、资料图表、修订说明、译名对照表等，可附于文末，供读者查阅。

附录部分内容如下：不同专业常用术语的简称、度量衡单位符号、化合物和仪器设备代号、实验测得的原始数据和图谱等资料、重要公式推导、计算框图、主要设备的技术性能等。它的作用是帮助一般读者更好地理解论文内容，给同行提供有启发性的专业知识。

附录与正文的页码连续编排。每一附录从另一页起，并按顺序编号，如“附录 1”“附录 2”。

第 7 章　毕业设计(论文)的答辩与考核

7.1　毕业设计(论文)答辩的含义与目的

毕业答辩，是完成毕业设计（论文）过程中必不可少的步骤，是考核学生知识与能力综合水平的主要教学环节，是审查毕业设计（论文）质量的重要措施，是防止抄袭和让人代笔等作弊现象出现的有力手段，也是大学生全面回顾、总结、鉴定自己实习成绩的机会，更是推敲深化毕业设计（论文），进一步将自己所学投入所用的新起点。

7.1.1　毕业设计(论文)答辩的含义

毕业设计（论文）答辩是答辩委员会成员（以下简称答辩老师）和撰写毕业设计论文的学生面对面，由答辩老师就论文提出有关问题，让学生当面回答。它有“问”有“答”，还可以有“辩”。答辩是辩论的一种形式。辩论按进行形式不同分为竞赛式辩论、对话式辩论和问答式辩论。答辩就是问答式辩论的简称。在毕业论文答辩中，学生需要对自己所写的论文进行详细阐述和解释，回答答辩老师提出的问题，展示自己的研究成果和学术水平。

通过毕业论文答辩，答辩委员会可以全面了解学生的研究内容、研究方法、研究成果和学术贡献，并对学生的论文进行评价和审定。

7.1.2　毕业设计(论文)答辩的目的

论文答辩能够进一步考查和验证毕业论文作者对所著论文的认识程度和当场论证论题的能力，进一步考查毕业论文作者对专业知识掌握的深度和广度，审查毕业论文是否为作者独立完成。

(1)进一步考查和验证毕业论文作者对所著论文的认识程度和当场论证论题的能力是毕业论文答辩的目的之一。通过提问和答辩，就可以进一步弄清学生是由于哪种情况而没有展开深入分析的，从而了解学生对自己所写论文的认识程度、理解深度和当场论证论题的能力。

(2)进一步考查毕业论文作者对专业知识掌握的深度和广度是毕业论文答辩所要达到的目的之二。学生在撰写论文中所运用的知识，有的已确实掌握，能融会贯通地运用；有的可能是一知半解，并没有转化为自己的知识；还有的可能是从别人的文章中生搬硬套过来，其基本含义都没有弄清楚。在答辩会上，答辩老师把论文中阐述得不清楚、不详细、不确切、不完善之处提出来，让学生作答，从而可以检查出作者对所论述的问题是否有创造性见解。

（3）审查毕业论文是否由学生独立完成，即检验毕业论文的真实性，是进行毕业论文答辩的目的之三。撰写毕业论文，要求学生在教师的指导下独立完成，但它是在一个较长的时期（一般为一个学期）内完成的，难免会有少数学生投机取巧，采取各种手段作弊。指导教师固然要严格把关，但难免有疏漏。答辩小组或答辩委员会由三名以上教师组成，鉴别论文的能力更强，在答辩会上还可通过提问与答辩来考查毕业论文的质量。

7.2　毕业设计（论文）答辩规则与准备

7.2.1　毕业设计（论文）答辩规则

7.2.1.1　制定答辩方案

各学院毕业设计（论文）审定委员会应根据安排并结合实际制定答辩方案，提前报至教务处备案。

7.2.1.2　成立答辩组

各学院应根据实际情况成立毕业设计（论文）答辩组若干，答辩组由答辩委员（3人及以上）和答辩秘书（记录员 1 人）共同组成，各答辩组设 1 名组长，每位答辩委员均应具有不低于中级专业技术职称，答辩委员的专业应与参加答辩学生的专业一致或相近。原则上学生不能在其指导教师所在的答辩组答辩。

7.2.1.3　答辩资格的审查

（1）按毕业设计（论文）任务书要求完成毕业设计（论文）工作，毕业设计（论文）通过“维普毕业设计（论文）管理系统”查重检测，指导教师评定成绩、评阅人评阅成绩均合格的学生，经各学院审核批准，可获得参加答辩的资格。

（2）凡未达到毕业设计（论文）教学要求、查重终检未通过或累计旷课时间达到毕业设计总时间的 1/3 者，取消其答辩资格。

7.2.1.4　毕业设计（论文）材料的审阅

（1）答辩前，各学院应采用适当方式督促毕业设计（论文）指导教师、评阅教师认真审阅本届毕业设计（论文）并给出成绩，严把毕业设计（论文）的质量关，杜绝抄袭。

（2）指导教师应针对所指导学生在完成任务的程度、在某些方面是否有独特的见解或创新、其成果是否有一定的理论意义和实用价值、设计说明书（论文）内容的完整性、论证是否详尽、计算正确与否、思路是否清晰、层次是否分明、书写的规范程度、文献综述及外文翻译情况、图纸是否规范等方面进行认真审阅并予以评定。

（3）除指导教师评阅外，还应由教研室指派一名评阅教师（由讲师及以上职称的教师担任）认真通读毕业设计（论文）材料并给予客观的评阅意见。

（4）答辩前，学生应将指导教师审阅后的毕业设计（论文）完整材料提交所在专业答辩组。

7.2.2 毕业设计（论文）答辩准备

毕业设计（论文）答辩准备工作如下：

（1）答辩前两周，毕业设计（论文）审定委员会将答辩方案报教务处备案。

（2）组织毕业设计论文的查重工作。

（3）指导教师应对学生毕业论文进行评定，并完成《毕业设计指导教师评定意见》填写，评阅人完成《毕业设计评阅人评阅意见》填写，如图 7-1 所示。

（4）各专业根据答辩学生人数及答辩时间要求，分成若干答辩组进行答辩。

（5）答辩组由答辩委员和秘书（记录员）组成，设组长 1 人。

（6）答辩委员总数不少于 5 人，每位答辩委员均应具有不低于中级的专业技术职称。

××××学院
毕业设计指导教师评定意见

评定成绩（百分制）： 指导教师签字：

年 月 日

××××学院
毕业设计评阅人评阅意见

评阅成绩（百分制）： 评阅人签字：

评阅人职称： 评阅人单位：

年 月 日

图 7-1 《毕业设计指导教师评定意见》和《毕业设计评阅人评阅意见》

7.3　毕业设计(论文)答辩过程及注意事项

毕业答辩是学生展示自己研究成果的机会，是对学生研究能力和学术水平的检验，同时也可以锻炼学生的口头表达能力、应变能力等。学生在答辩过程中，需要注意细节，如声音清晰、表达准确、态度诚恳、回答问题有理有据等。

7.3.1　毕业设计答辩过程

（1）各学院的答辩工作应按预定时间和程序进行，答辩过程需公正透明，确保每个学生的答辩时间不得少于 20 分钟，答辩秘书（记录员）应对答辩委员的提问及学生的回答做简要记录。《毕业设计答辩记录及答辩结论》如图 7-2 所示。

××××学院

毕业设计答辩记录及答辩结论

专业班级：____________________学生：__________

毕业设计题目：______________________________

答辩时间：______年___月___日___时___分 至___时___分

答　辩　委　员					
姓名					
职称					

答辩委员提问及学生答辩记录：

____

____

____

____

____

____

____

____

答　辩　结　论

________同学毕业设计答辩成绩（百分制）________，毕业设计答辩______予通过.

答辩组长：　　　　　　答辩秘书：

图 7-2　《毕业设计答辩记录及答辩结论》

（2）各答辩组可结合实际对学生的答辩过程录像存档。

（3）答辩组可根据学生答辩时回答问题的情况，设计说明书、图纸或论文质量，以及毕业设计（论文）是否有应用价值和独立见解等采取不记名投票方式进行成绩评定。同一专业分设几个答辩小组时，应统一标准。

（4）答辩时，答辩组秘书应记录提问回答情况及答辩的起始时间。

（5）答辩组应对答辩学生给出明确的答辩结论：具体毕业设计答辩成绩及是否准予通过毕业设计答辩。

（6）为保证“优秀毕业设计”和“不及格”成绩的准确性及权威性，对答辩成绩排序前若干名和后若干名的学生应组织进行二次答辩（简称“二答”）。

7.3.2 毕业设计答辩注意事项

毕业设计（论文）答辩需要注意以下事项：

（1）准备充分：在答辩之前，要充分准备，包括熟悉自己的论文、研究方法、实验结果等，并进行反复练习，确保在答辩时能够流利清晰地表达。

（2）准时参加：要按照规定的时间和地点参加答辩。

（3）穿着得体：穿着要整洁大方，体现出自己的专业性和礼貌。

（4）开场白：在答辩开始时，要用简洁明了的语言介绍自己的论文题目、研究内容、方法等，让评委快速了解你的论文。

（5）回答问题要有条理：在回答问题时，要清晰明了，有逻辑性，可以列出关键词或者分点回答，让评委更容易理解。

（6）表现出自信：在答辩时要表现出自信，讲话流畅，不紧张，让评委感受到你对研究的热情和信心。

（7）认真听取问题：在答辩过程中，要认真听取评委的问题，并针对问题进行回答，不要回避或者模糊回答。

（8）对策要多：在回答问题时，要尽可能多地提出解决方案，让评委感受到你的思维活跃和解决问题的能力。

（9）结束语：在答辩结束时，要用简洁的语言对评委表示感谢，并对自己的论文进行简短的总结。

（10）后续工作：在答辩结束后，要根据评委的意见和建议，对论文进行修改和完善，提高论文质量。

7.4　毕业设计（论文）评分准则

毕业设计是考查学生综合运用所学知识和理论分析问题、解决问题能力的实践教学环节，其成绩评定影响到学生的毕业资格审核和学位资格评定，必须认真对待。

7.4.1　毕业设计成绩组成及计算方法

毕业设计总成绩按 90~100 分为优秀、80~89 分为良好、70~79 分为中等、60~69 分为及格、60 分以下为不及格确定，按 5 级成绩等级载入学生成绩档案。综合成绩排名以小数点后一位为准进行排序。

毕业设计总成绩满分为 100 分，由中期成绩、评定成绩、评阅成绩、答辩成绩四部分组成。其中中期成绩占总成绩的 20%；评定成绩占总成绩的 30%；评阅成绩占总成绩的 10%；答辩成绩占总成绩的 40%。

（1）中期成绩满分为 100 分，占总成绩的 20%。中期成绩由指导教师组成的评审小组依据中期成绩评定标准进行集体评定。

（2）评定成绩满分为 100 分，占总成绩的 30%。评定成绩由指导教师依据毕业设计分项成绩评审标准所定考核项目进行评定（答辩之前进行答辩资格审查，评定成绩及评阅成绩中任何一项成绩低于 60 分者取消答辩资格）。

（3）评阅成绩满分为 100 分，占总成绩的 10%。评阅成绩依据毕业设计评阅成绩评定标准所定考核项目进行评定（答辩之前进行答辩资格审查，评定成绩及评阅成绩中任何一项成绩低于 60 分者取消答辩资格）。

（4）答辩成绩满分为 100 分，占总成绩的 40%。答辩成绩由毕业设计答辩小组依据毕业设计答辩成绩评定标准所定考核项目进行评定，如答辩成绩不及格，毕业设计成绩即视为不及格。

7.4.2　分项成绩具体评定办法及标准

网络与新媒体专业毕业设计分项成绩具体评定办法及标准见表 7-1。

表 7-1　网络与新媒体专业毕业设计分项成绩具体评定办法及标准

序号	分项考核	分值比例	考核内容	考核标准
1	中期成绩	20%	学生是否能够按时出勤，是否能依照任务书时间进度完成设计任务，完成质量如何，以及考核学生的文献查阅能力及外文翻译能力	0~59 分：未能按照任务书时间进度完成设计任务，进度滞后；毕业设计基本能够体现题目所设定的有关要求，设计创意性不足；未能独立查阅相关外文文献资料，翻译不准确，中期报告撰写的内容不全面，不符合要求。语言表述不够清楚，结构不严谨，逻辑性差；不按时出勤，经常旷课、请假
				60~69 分：能够按照任务书时间进度完成设计任务；毕业设计基本能体现题目所设定的有关要求；内容制作创意不够新颖；画面质量不够高；能独立查阅相关外文文献资料，翻译基本准确，中期报告撰写的内容较全面，基本符合要求。语言表述基本清楚，结构基本清晰，逻辑性一般；基本能够按时出勤，极少旷课或请假
				70~79 分：能够按照任务书时间进度完成设计任务；毕业设计能够体现题目所设定的有关要求；内容制作具有一定的美感与创意性；画面质量达标；能独立查阅相关外文文献资料，翻译基本准确，中期报告撰写的内容较全面，基本符合要求。语言表述清楚，结构基本清晰，逻辑性较好；能按时出勤，能做到不请假、不旷课
				80~89 分：能够按照任务书时间进度完成设计任务；毕业设计完成得比较认真，能完整地体现题目所设定的有关要求；内容制作新颖；画面质量较高；能独立查阅相关外文文献资料，并做出正确翻译；中期报告撰写的内容全面，符合要求。语言表述较清楚，结构清晰，逻辑性较好；能按时出勤，能做到不请假、不旷课
				90~100 分：能按照任务书时间进度完成设计任务，并总结经验，做好下阶段工作计划；毕业设计完成得认真，能完整地体现题目所设定的有关要求；内容制作新颖，创意独特，画面质量高，作品内涵深刻；能独立查阅相关外文文献资料，并做出正确翻译；中期报告撰写的内容全面，符合要求。语言表述准确、清晰，结构严谨，逻辑性强；能按时出勤，能做到不请假、不旷课

续表 7-1

序号	分项考核	分值比例	考核内容	考核标准
2	评定成绩	30%	学生的出勤情况，学生与指导教师的联系情况，以及学生的课题工作量完成情况；学生完成毕业设计成果的质量及设计说明书的书写情况	0~59 分：与指导教师联系得非常少，不能及时汇报设计进度；不按时出勤，经常旷课、请假；工作量不够，不能按期完成规定的任务。内容制作思路不合理，设计方案不明确；不能熟练地运用本学科的常规设计方法和手段；在设计上无创新点；设计说明书缺少理论分析，语言表述不准确，结构混乱，条理不清晰，无逻辑性
				60~69 分：能按要求时间与指导教师联系，并汇报设计进度；基本能够按时出勤，极少旷课或请假；正常完成规定的任务，工作量基本饱满。设计思路基本合理，内容制作方案基本可行；能基本运用本学科的常规设计方法和手段；在内容制作上创意不新颖，制作不够精细，基本符合创作要求，素材应用基本合理；设计说明理论分析不足，语言表述基本准确，结构不够严谨，条理不够清晰，逻辑性较差
				70~79 分：能经常与指导教师联系，并汇报设计进度，征求指导教师的意见；能够按时出勤，做到不请假、不旷课；能够按期完成规定的任务，工作量饱满。设计思路合理，内容制作方案可行；能够运用本学科的常规设计方法和手段；在内容制作上创新点不足，制作精细，基本符合创作要求，素材应用基本合理；设计说明理论分析不足，语言表述基本准确，结构较严谨，条理基本清晰，逻辑性一般
				80~89 分：能经常与指导教师联系，并及时汇报设计进度，征求指导教师的意见；按时出勤，能做到不请假、不旷课；能够按期或超额完成规定的任务，工作量饱满。设计思路合理，设计方案可行；能基本熟练地运用本学科的常规设计方法和手段；内容制作较完整地体现了项目所规定的有关要求；内容设计上富有美感与创意性；制作精细，符合创作要求，素材应用基本合理；设计说明理论分析透彻，语言表述较准确，结构较严谨，条理清晰，逻辑性较强
				90~100 分：能经常与指导教师联系，并及时汇报设计进度，征求指导教师的意见；按时出勤，能做到不请假、不旷课；能够按期或超额完成规定的任务，工作量饱满。设计思路清晰，内容设计方案完整可行；能熟练地运用本学科的常规设计方法，能适当运用相关设计手段进行资料搜集、加工、处理；设计完整地体现了项目所规定的有关要求；设计新颖，创意独特，富有形式美感，作品内涵深刻；制作精细，符合创作要求，素材应用合理；设计说明理论分析透彻，语言表述准确、清晰，结构严谨，条理清晰，逻辑性强

续表 7-1

序号	分项考核	分值比例	考核内容	考核标准
3	评阅成绩	10%	学生毕业设计成果及设计说明书的完成质量	0~59 分:不符合任务书要求,设计无创新点,制作不精细,不符合创作要求,素材应用不合理;设计说明书字数未达到要求,内容不够全面,语言表述不流畅,结构混乱,条理不清晰,无逻辑性
				60~69 分:基本符合任务书要求,设计不新颖;制图基本规范,制作不够精细,基本符合创作要求,素材应用基本合理;设计说明书字数达到要求,但内容不够全面,语言表述基本准确,结构不够严谨,条理不够清晰,逻辑性较差
				70~79 分:符合任务书要求,设计的创新点不足;内容制作基本规范,制作细节表现不足,符合创作要求,素材应用基本合理;设计说明书字数达到要求,内容较全面,语言表述流畅,结构严谨,条理基本清晰,逻辑性一般
				80~89 分:符合任务书要求,设计富有美感且创意较好;内容制作规范,制作较精细,符合创作要求,素材应用合理;设计说明书字数达到要求,内容较全面,语言表述准确,结构严谨,条理清晰,逻辑性较强
				90~100 分:符合任务书要求,设计新颖,创意独特,富有形式美感,作品内涵深刻;内容制作规范,制作精细,符合创作要求,素材应用合理;设计说明书字数达到要求,内容全面,理论分析透彻,语言表述准确,结构严谨,条理清晰,逻辑性强

续表 7-1

序号	分项考核	分值比例	考核内容	考核标准
4	答辩成绩	40%	学生对设计的分析归纳能力与论点阐述能力,以及学生毕业设计成果、毕业设计说明书的完成质量	0~59 分:自我陈述语言表达不清楚,创作思路不清晰,对内容制作的分析不准确,陈述时间严重不足;在答辩中对设计知识、技能、方法的掌握情况不佳,回答问题时缺少理论依据;成果不符合题目规定要求,缺少创意性,创作不符合要求;设计说明书缺少理论分析,语言表述不准确,结构不严谨,条理不清晰,逻辑性差,存在较多的错别字、标点符号使用和格式不规范等问题
				60~69 分:自我陈述语言表达得不够清楚,创作思路不够清晰,对内容制作部分的分析不够准确,陈述时间不足或超时较多;答辩中对设计知识、技能、方法的掌握情况一般,回答问题缺少理论依据;成果符合题目规定要求,缺少创意性,素材基本符合要求;设计说明书缺少理论分析,语言表述基本准确,结构不够严谨,条理不够清晰,逻辑性较差,存在较多的错别字、标点符号使用和格式不规范等问题
				70~79 分:自我陈述语言表达较清楚,创作思路较清晰,对内容制作部分的分析较准确,陈述时间稍有不足或较少超时;在答辩中对设计知识、技能、方法的掌握情况较好,回答问题的理论依据不够充分;成果符合题目规定要求,创意性不够;设计说明书理论分析不足,语言表述基本流畅,结构与条理基本清晰,逻辑性一般,存在较少的错别字、标点符号使用和格式不规范等问题
				80~89 分:自我陈述语言表达较清楚,创作思路较清晰,对内容制作部分的分析较准确,陈述时间符合要求;在答辩中对设计知识、技能、方法的掌握情况较好,回答问题的理论依据较充分;成果能够体现题目规定要求,具有一定的创意性及形式美感,创作流程规范、完善,符合要求;设计说明书理论分析不足,语言表述流畅,结构严谨,条理基本清晰,逻辑性一般,存在较少的错别字、标点符号使用和格式不规范等问题
				90~100 分:自我陈述语言表达清楚,创作思路清晰,对内容制作部分的分析准确,陈述时间符合要求;在答辩中对设计知识、技能、方法的掌握情况牢固,回答问题有理有据;成果完整体现了题目规定要求,作品创意独特,富有形式美感,作品内涵深刻、内容完善、细致,符合创作要求;设计说明书理论分析透彻,语言表述准确、清晰,结构严谨,条理清晰,逻辑性强,格式规范,没有错别字、标点符号使用不规范等问题

第 8 章　毕业设计(论文)经典案例解析

8.1　范例 1　华润雪花啤酒“曲墨”广告宣传与策划

设计任务：收集华润雪花啤酒“曲墨”项目相关文献资料与素材，按照项目宣传及市场需求完成该项目宣传设计，根据创意设计提案部分的策划内容进行宣传设计，如 DM 宣传单、宣传手册、优惠券设计、海报、网站宣传、展架（易拉宝）、自媒体广告设计等。设计项目总数不少于 20 项，设计成果图册不少于 50 页。

广告策划案是在广告活动中，为实现企业经营目标，针对特定产品，有目的、有计划地进行宣传和推广的一种活动策划方案，是针对市场和消费者的需求而制定的。通过策划，可以进一步完善品牌形象，从而达到对产品推广宣传的目的。希望通过本次策划案可以提升“曲墨”知名度，加强“曲墨”的市场竞争力。

8.1.1　内容提要

在内容提要部分，主要对“曲墨”的基本信息进行介绍，让受众对“曲墨”这个新产品有一个基本的认识，为下面策划案的进行奠定基础。正如内容提要中提到的“国潮新风”，在设计本次策划案的过程中，大量采用了京剧人物的图案，以红色为主色调来体现“国潮之风，正在红”。内容提要如图 8-1 所示。

图 8-1　内容提要

8.1.2　市场环境分析

市场环境分析部分主要对市场现状、产品、竞争对手、消费者和 SWOT 五个部分进行了分析。根据不同的分析内容进行不同的排版、放置不同的图片和素材，丰富画面的同时也更能表现出想表现的内容。市场环境分析如图 8-2 所示。

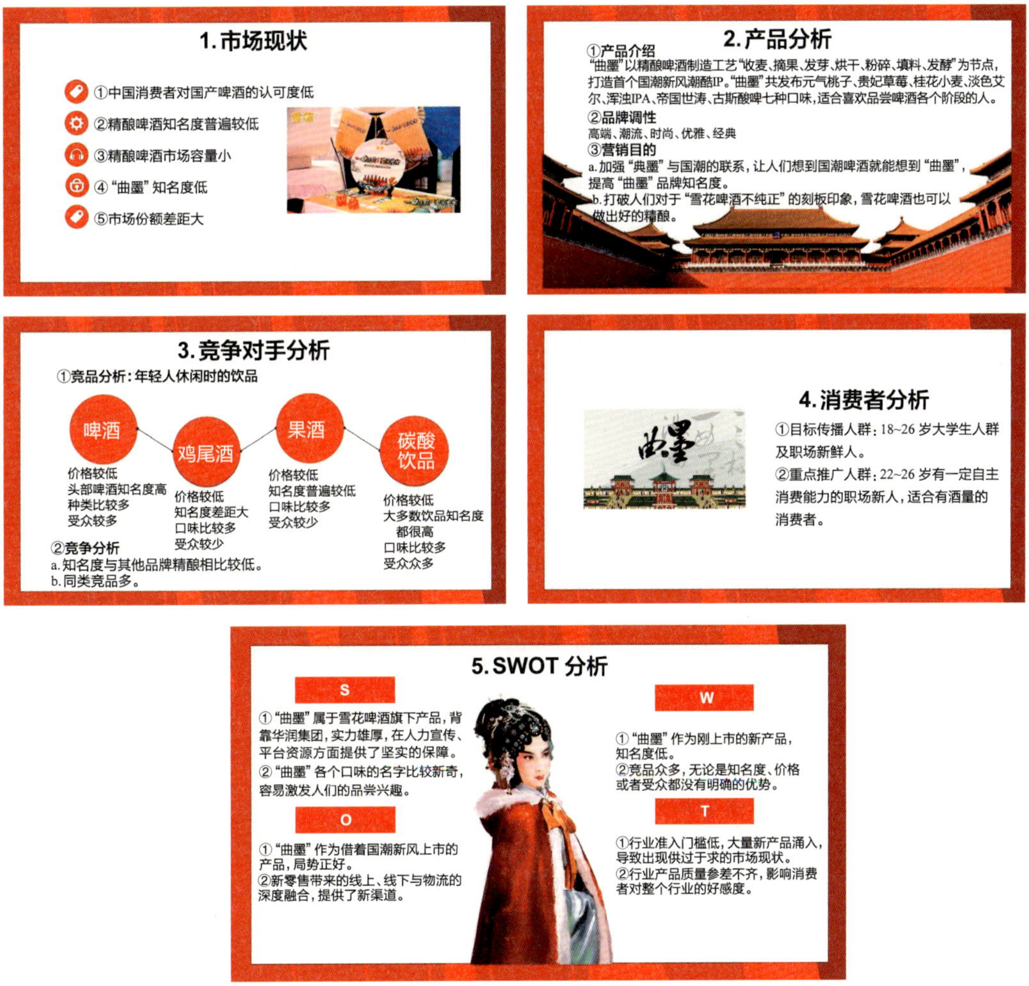

图 8-2　市场环境分析

8.1.3 营销策略提案

策略是为了达到具体的目标，在特定的环境下所采取的手段和途径。在市场营销活动中，最重要的是市场营销策略。在营销提案部分，首先对营销目标、核心概念、合作对象进行了分析，其次制定了详细的活动方案。活动方案包括主题设计、活动时间设计、活动媒介设计、活动内容设计（前期，中期，后期）。

8.1.3.1 “我和古城合个影，线上合影留念，圆一个古城打卡梦”活动设计思路

作为时下最炙手可热的短视频平台，拥有超过 1.5 亿的日均活跃用户的抖音短视频 APP 作为本次活动的推广软件，在为产品增加人气的同时，也能更好地为“曲墨”这款产品进行宣传推广。以“‘我’和‘古城’合个影”为话题，让网友们积极参与活动，同时设立奖品，鼓励参与者，吸引更多人参加，增加话题讨论度。

8.1.3.2 “古城探个店，‘曲墨’有点‘美’！”活动设计思路

本次活动的主要媒介是小红书、微信和哔哩哔哩网站（以下简称 B 站）。这次的活动主要定在“探店”上面，小红书作为最火的好物推广类 APP 将成为本次活动的重要媒介，微信和 B 站都是作为小红书的辅助媒介进行宣传。每个人心中都有一些属于自己家乡的特色经典，此次活动的目的一是宣传“曲墨”酒，二是提高古城老店的知名度，以达到双赢的目的。

8.1.3.3 “和‘曲墨’一起旅个游吧！”活动设计思路

本次活动的媒介是古城当地旅行社和小红书，它主要立足在线下旅行社，小红书只是起宣传活动的作用。每个古城都有每个古城的故事，不同的故事对应着不同的美酒，将“曲墨”与旅行结合起来，不仅推进了古城旅游业的发展，同时进一步提升“曲墨”的知名度。

本次策划案的整体活动从 5 月 1 日到 8 月 30 日，从线上到线下，从“看得到”到“喝得到”，循序渐进，逐步提升了“曲墨”知名度，让人们知道、看到、感受到“曲墨”的真心，感受到这个新上市的国产精酿的真正实力。

营销策略提案如图 8-3 所示。

图 8-3　营销策略提案

8.1.3.4　创意设计提案

创意设计提案是为了满足客户对产品或服务的需求而做的一系列策划和规划，它是以自己的品牌形象为核心，为品牌或产品寻找独特且具有代表性的视觉符号，用一种比较特殊的方式展示自己的想法或创意，以达到让客户认同自己品牌形象、认可自己产品及服务价值等目的。本次设计是对不同口味的“曲墨”瓶身进行设计，用不同的建筑和色调设计不同口味的瓶身。宣传手册以绿色为主体色调，黄色作为跳色增加画面灵动性。创意设计提案如图 8-4 所示。

图 8-4　创意设计提案

8.1.3.5　媒介投放提案

媒介投放提案是指营销策划公司或广告公司针对企业媒介投放的策略及具体实施方案，对媒介资源进行整合和优化，通过媒介组合宣传来提高企业的市场竞争力。在广告投放之前，要先确定媒介策略、媒介选择、媒介排期等，然后交给相应的媒介代理公司来完成，根据不同活动进行不同的媒介选择。媒介投放提案如图 8-5 所示。

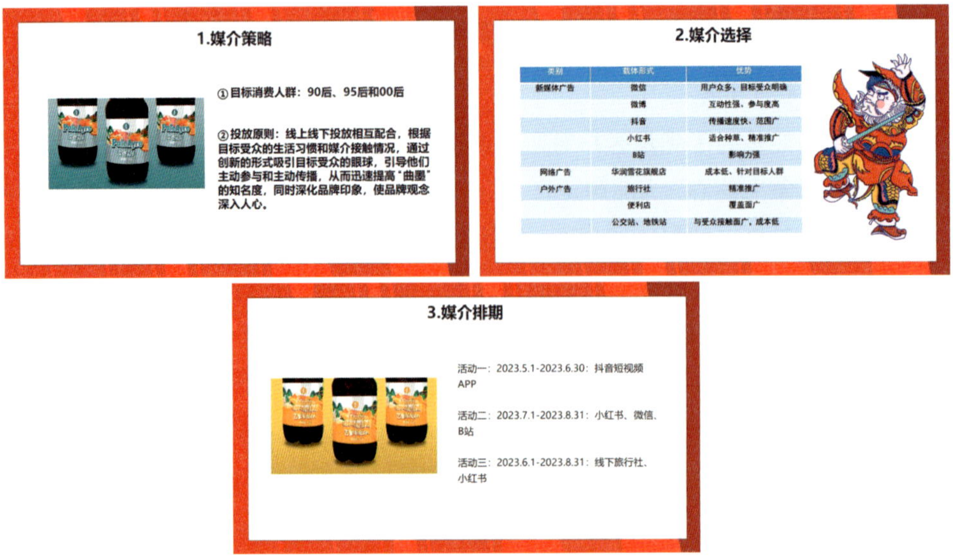

图 8-5　媒介投放提案

8.1.3.6　广告预算

广告预算主要是对本次策划案所消耗的费用，包括对赠送啤酒、品牌合作、大 V 推广、特效设计、旅行团免单、线上营销等方面的开支进行评估。广告预算如图 8-6 所示。

预算内容	开支（万元）
赠送啤酒	3
交通费、酒店、景点门票	2
品牌合作	10
大 V 推广	10
地铁公交站牌	5
特效设计	10
旅行团免单	0.5
线上营销	15
总计	55.5

图 8-6　广告预算

8.1.3.7　设计项目

该部分主要是对各类宣传广告进行介绍，主要包括静态广告、场景广告、网站宣传广告以及实物设计。

（1）静态广告

静态广告主要包括广告宣传册、POP 广告、展示架广告、易拉宝墙体广告等，这次设计主要制作的是易拉宝墙体广告（80 cm×200 cm）和展示架广告（60 cm×160 cm）。做了四种不同风格的广告设计，分别可以运用在不同的场景。在设计中运用了中英文结合的方式，英文做背景，中文做标语，明确突出广告语。易拉宝广告如图 8-7 所示。

图 8-7　易拉宝广告

（2）场景广告

场景广告分为电梯广告、地铁广告、展台宣传广告、快闪店宣传广告等，本次场景设计海报采用红、黄、蓝三种色调，在统一主题的同时，也增加了海报自己的特色。设计中采用了框架拼接的形式，不同形状的框架里面绘制了不同的内容，但连起来又能构成同一个主题。场景广告如图 8-8 所示。

图 8-8　场景广告

（3）网站宣传广告

网站宣传广告有很多种，例如网站背景广告、网站弹窗广告等，这次选择的是网站背景广告。这种广告方式是一种很显眼的宣传方式，网页两边分别放置了品牌名称和人物像，中间留出的空白部分可放置当日的重要信息，中英文交错放置的方式不会让人觉得单调。网站宣传广告如图 8-9 所示。

图 8-9　网站宣传广告

（4）实物设计

本次设计了五款实物，分别是抱枕（35 cm×35 cm）、手机壳（10 cm×30 cm）、鼠标垫（26 cm×21 cm）、钥匙扣（5 cm 长、4 mm 厚）和透扇（17.5 cm×17.5 cm）。每款实物都是将海报中的内容形象重新编排、设计、整合的，即使出现了同样的人物，也是不同的设计方式。部分实物设计如图 8-10 所示。

图 8-10　部分实物设计

8.2　范例 2：中国传统扇文化信息动画设计

设计内容：收集中国传统扇文化信息动画设计项目相关文献资料与素材，按照企业需求完成传统文化传播新媒体动画作品创作。作品时长为 3~5 分钟。作品需要呈现清晰完整的主题；表达合理的叙事逻辑、剪辑流畅；有高质量的声音效果和音乐效果；体现良好的画面动态效果和数据信息、配音效果；制作一张宣传海报。设计项目总数不少于 10 项，设计成果图册不少于 20 页。

8.2.1　内容与形式

本次毕业设计作品为信息动画类，综合运用了多种方法，包括文献研究与动画参考等。在制作的初期，通过网络与实地调研相结合，搜集有关传统扇文化与信息动画制作方面的材料，对这些材料进行吸收与灵活运用，选择合适的动画制作渠道，进行初稿构建。制作中期，通过参考指导教师的意见，吸纳相关的优秀动画作品的优点，在动画初稿的基础上，对不足的地方进行修正，确定进一步制作思路，完成信息动画设计。制作后期，完成毕业设计说明书的撰写，以及宣传海报、展板、实物设计以及手册的制作。

中国传统扇文化信息动画设计作品截图 1 如图 8-11 所示。

图 8-11　中国传统扇文化信息动画设计作品截图 1

信息动画主要通过五部分来介绍扇文化的内容，即“扇”字的本义及内涵、扇子的功能、扇文化的历史发展阶段、制扇业的历史地域分布以及扇骨的雕刻，以扇文化的历史发展阶段为主体内容，介绍了扇子的变迁与发展。在配色上主要选取了贴近历史沉淀感的黄色、绿色以及红色；在配音与配乐上选取了娓娓道来的语音和国风纯音乐，以贴近动画内容。中国传统扇文化信息动画设计作品截图 2 如图 8-12 所示。

图 8-12　中国传统扇文化信息动画设计作品截图 2

8.2.2　文案与色彩

在确立了“中国传统扇文化信息动画设计”的总体架构与思路后，进行了信息动画的文案撰写，在中心架构五部分基础上添加片头、片尾，形成七段内容，其中以扇文化的历史发展为重点。动画的目的是为了进行扇文化的宣传，吸引更多人的注意，从而唤醒人们对传统文化的认识，更好地推广中国扇文化。动画篇幅较短，首先，在编辑文案时要保持语言简洁，避免字词冗繁；其次，要确保语言通俗易懂，使观者更容易理解动画主题。难点为动画形式创意需多样化，对动画主题、内容和表现形式进行有创意的构想，将表达的信息内容与动画融合在一起，通过生动有趣的动画剧情将扇子特点展示出来，将不同风格的扇子及画面统一调性、协调配色与整体布局。中国传统扇文化信息动画设计作品截图 3 如图 8-13 所示。

图 8-13　中国传统扇文化信息动画设计作品截图 3

文字可以传递准确的信息，是信息动画中的重要元素。中国传统扇文化信息动画设计共采用六种字体，如图 8-14 所示。

中文字体

方正字迹-兰才兴行书简	中国传统扇文化
方正欧阳荷庚行书 简	中国传统扇文化
方正书宋_GBK	中国传统扇文化
方正小标宋_GBK	中国传统扇文化

英文字体

方正书宋_GBK	ZHONGGUOCHUANTONGSHANWENHUA
方正颜宋简体	ZHONGGUOCHUANTONGSHANWENHUA

数字

上首钝黑体	123456789

图 8-14　文字字体设计

颜色作为视觉符号，是信息动画中的另一重要元素。中国传统扇文化信息动画设计参考了中国十大传世名画之一的唐朝画家阎立本的名作《步辇图》的配色，色彩选择如图 8-15 所示。冷暖色相互衬托，烘托氛围，营造出视觉的美感，提高了艺术感染力与张力。

《步辇图》局部

图 8-15　色彩选择

8.2.3　音效与配音

在信息动画制作中，声音和音效的作用往往被低估，但它们实际上是制作精彩动画的关键要素之一。声音和音效能够增强观众的情感体验，提升故事的传达效果，为画面赋予更加生动的感觉。信息动画视频中的声音和音效的作用可归纳为以下几点：

（1）声音和音效能够深化情感连接

通过合适的音乐、声音效果和配音，动画可以更好地引起观众的情感共鸣。例如，温馨的音乐可以增强浪漫的感觉，而紧促的音效则能够加强紧张感。观众会因为与角色之间的情感联系而更容易投入故事情节，从而更深入地理解角色的感受和决定。

（2）声音和音效可以丰富故事的传达效果

通过声音，可以强调画面中的细节，让观众更好地理解情节发展。例如，通过添加脚步声和呼吸声，可以让观众感受到角色正在奔跑的紧张感。另外，通过环境音效，可以创造出更真实的场景氛围，使观众仿佛身临其境。

（3）声音和音效能够提升观众的参与感

精心设计的声音和音效可以将观众带入故事中，使其感觉更像是在情节中的参与者。这种参与感能够激发观众的兴趣，使他们更愿意一直跟随故事的发展。

（4）声音和音效是营造氛围和情绪的强大工具

不同的音乐和音效可以创造出不同的情感氛围，从而影响观众的情绪体验。悲伤的场景加上悲伤的音乐，让人感觉更加悲伤，而欢乐的场景加上欢快的音效，则气氛变得更加欢乐。这种氛围营造能够使观众更深刻地感受到故事的情感变化。

因此，配乐是一部成功的信息动画作品中不可分割的一部分，它使信息动画栩栩如生，让观众通过声音和画面得到极大的享受。

音乐对于整部动画作品来说是灵魂，音乐的好坏会对作品的表现力产生重大影响。根据动画叙事选择合适的音乐，不仅可以配合作品的整体情节，还可以营造一种氛围。动画艺术不仅是一种视觉艺术，也是一种声音艺术，在合适的画面播放恰当的音乐能够很大程度地增强动画艺术的魅力。

中国传统扇文化信息动画设计在配乐上选择了关大洲的《梨花雪》。《梨花雪》以琵琶为主乐器，钢琴、笛萧、空灵鼓等为辅，层次厚重且韵律清雅。以此为配乐，不仅拉进了传统文化与现实和观众的距离，引人入胜；更是形成一种浑然天成的风光景致，既近人间烟火，又不落俗套。中国传统扇文化信息动画设计作品截图 4 如图 8-16 所示。

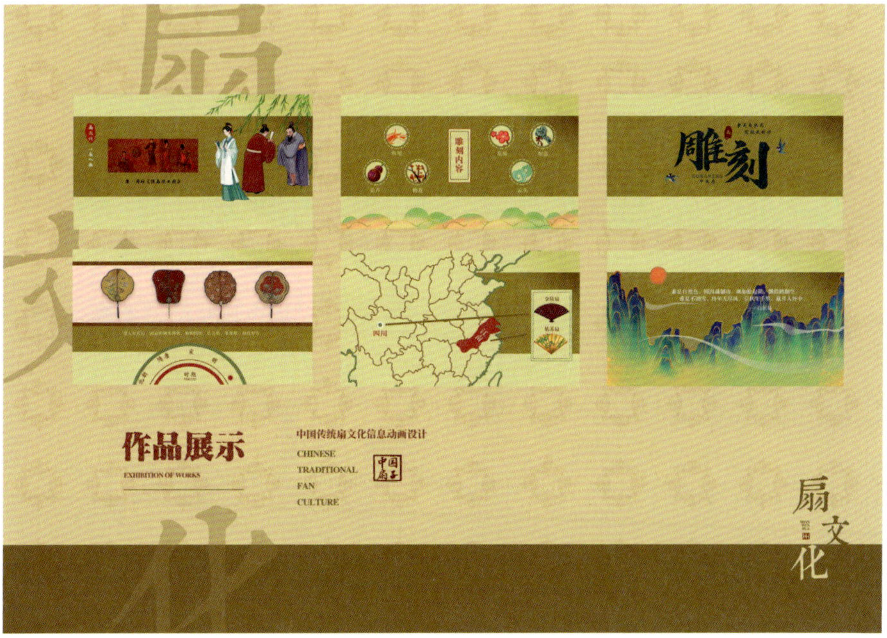

图 8-16　中国传统扇文化信息动画设计作品截图 4

除了配乐，一部优秀的作品，配音在创作中也起着至关重要的作用。信息动画作为一种独具特色的艺术形式，画面、音乐加以解说配音，可以成功导引，赋予观众身临其境的感觉。在动画中，画面与配音相互呼应、相互补充，构成了一个色彩斑斓的影像世界。

中国传统扇文化信息动画设计在配音上选择了娓娓道来的中年女声。人声配音作为对文本的二次创作，既是独特的语言艺术，也是和同期声音、音响效果、音乐等合而为一的声音艺术。动画配音以讲述为基调，具有历史感，与片中其余声音在审美上达到情景合一、音韵和谐，宛如一缕轻丝，串联动画中文字、插图等画面元素，奠定全局基调，形成画与声完美融合的艺术感染力。

8.2.4 文化创意衍生品

文化创意衍生品具有很强的融合性、渗透性和拓展性，深度融入相关产业的设计研发、制造、流通等环节，这对于提升各领域的制作和服务品质，提升市场竞争力具有重要促进作用。中国传统扇文化信息动画设计也对文化创意衍生品进行了设计，如图 8-17、图 8-18 所示。

图 8-17　中国传统扇文化信息动画设计作品截图 5

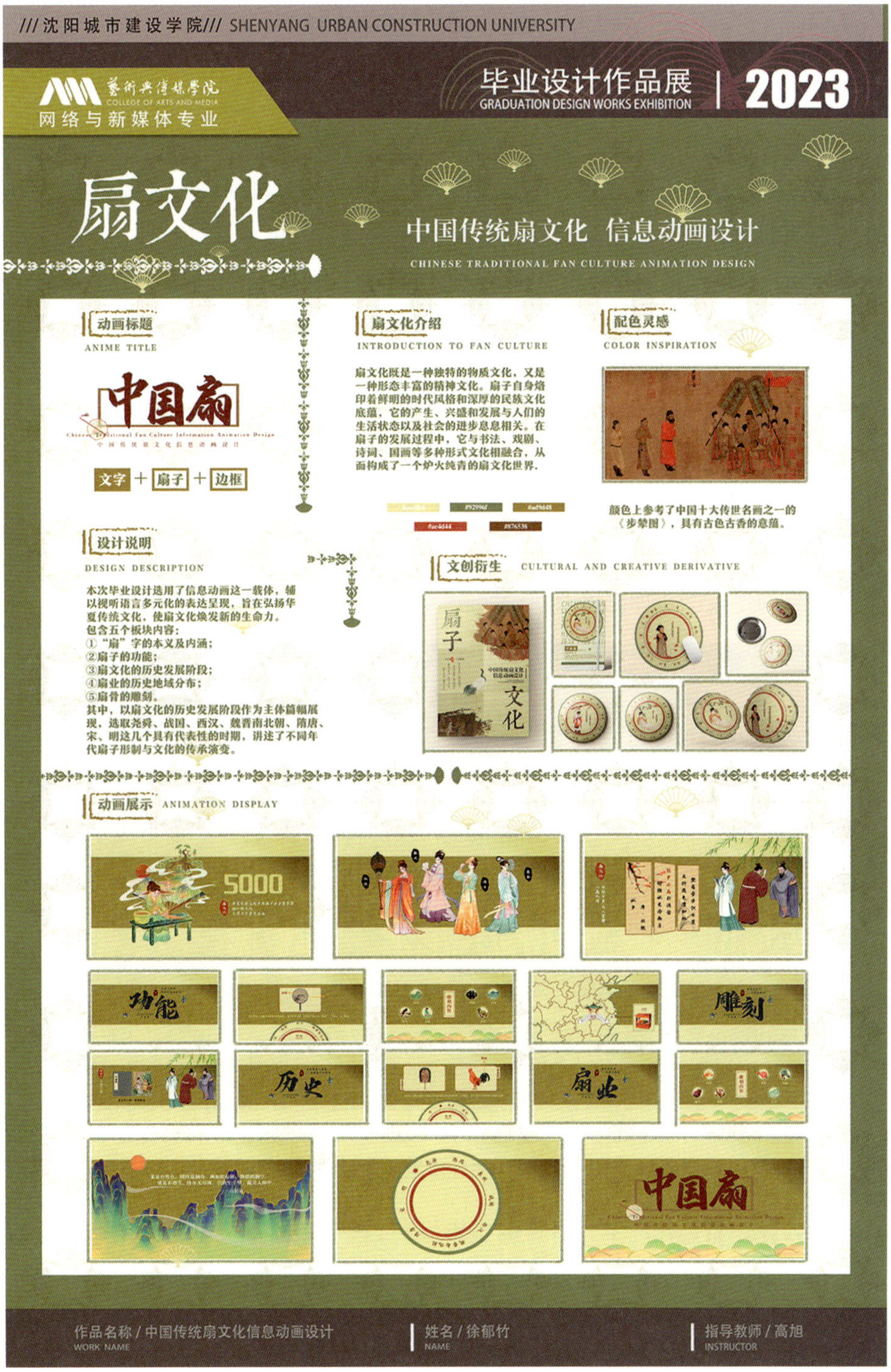

图 8-18 中国传统扇文化信息动画设计作品海报设计

8.3 范例 3:《一台旧 DV》主题微电影影像作品创作

设计任务：收集《一台旧 DV》主题微电影项目相关文献资料与素材，按照企业及主题需求完成××××影像作品创作。作品时长不少于 10 分钟。作品需要呈现清晰完整的主题；表达合理的叙事逻辑、剪辑流畅；有高质量的声音效果和音乐效果；体现良好的画面录制效果和包装效果、字幕效果；制作一张作品宣传海报；设计成果图册不少于 20 页。

该作品创作主题来自学生对成长的记忆和对家庭亲情主题的深入思考。在设计选题过程中，指导教师与学生进行了多轮深入的交流，学生对于该主题有浓厚的兴趣，其在过去的学习过程中对影像创作这种创作形式也特别关注，并且有大量的实践，这些都为毕业设计的顺利完成提供了保障。

该毕业设计作品完成度高，主题清晰，艺术效果较好。在拍摄前进行充分的规划和准备工作，包括剧本编写、场景设计、角色选择、服装化妆等。《一台旧 DV》主题微电影影像作品创作截图 1 如图 8-19 所示。

图 8-19 《一台旧 DV》主题微电影影像作品创作截图 1

成功的影像作品创作离不开专业的摄影设备。该作品在拍摄制作中选择适合的摄影设备，如专业的佳能摄像机、镜头、大疆稳定器等。确保设备性能稳定，能够根据场景需求和表现手法，选择不同的镜头，如广角镜头、长焦镜头等，以获得不同的视觉效果。使用稳定器、三脚架、平移云台等设备，确保镜头稳定，避免晃动和抖动。《一台旧 DV》主题微电影影像作品创作截图 2 如图 8-20 所示。

图 8-20　《一台旧 DV》主题微电影影像作品创作截图 2

视听语言是影像作品表达的基础，光线控制是视听语言表达成功与否的核心元素，充分利用自然光和人工灯光，控制光线的方向、亮度和色温，以创造出贴近情感和氛围的效果。该作品在光影表现方面充分利用了自然光和人工灯光的造型技巧，在现有条件下达成了较好的视觉效果。《一台旧 DV》主题微电影影像作品创作截图 3 如图 8-21 所示。

图 8-21　《一台旧 DV》主题微电影影像作品创作截图 3

场面调度是该作品的又一亮点，拍摄时运用不同的镜头运动技巧，如跟焦、推拉、平移、倾斜等，增强画面的动态感和表现力。通过设计精心的构图，采用分镜技巧将镜头安排成逻辑流畅的序列，强化叙事效果。加之使用合适的光圈调整景深，突出焦点主体，实现背景虚化或前景突出的效果。《一台旧 DV》主题微电影影像作品创作截图 4 如图 8-22 所示。

图 8-22 《一台旧 DV》主题微电影影像作品创作截图 4

后期制作在影像作品创作中的地位越来越高，该作品在声音、色彩、剪辑等方面也做到了协调与统一。

首先在拍摄和后期制作中注意色彩管理，确保影片的色彩风格一致。其次使用高质量的话筒、音频设备，避免噪声和杂音。在后期剪辑中，进一步优化画面、色彩、声音，增强影片整体的效果。最后注重作品的整体细节调整和包装特效制作，较好地提升了作品的艺术性。《一台旧 DV》主题微电影影像作品创作截图 5、截图 6 如图 8-23、图 8-24 所示。

图 8-23 《一台旧 DV》主题微电影影像作品创作截图 5

图 8-24　《一台旧 DV》主题微电影影像作品创作截图 6

8.4　范例 4：新媒体产品交互类毕业设计作品

项目名称：GEMZ

项目成员：Bilin Liang

项目来源：英国皇家艺术学院（RCA）

项目网址：https: //2022.rca.ac.uk/students/bilin-liang

项目简介：人生的不确定性是常态。许多年轻人在 20 岁出头就会经历一段未来不确定性大、压力大的时期。此时，他们工作经验很少，却需要对未来的职业道路作出独立的决定，并回答“我是谁”这个问题。

Bilin Liang 将此次项目的目标受众设定为 Gen Z 一代（指 1995—2009 年出生的一代），他们的职业道路不再是固定且线性的，而是循环反复的。GEMZ 作品截图 1 如图 8-25 所示。

Gen Z 一代在职业生涯的早期阶段因缺乏工作经验而无法了解自己的优势，这也可能会在他们决定未来发展道路时造成混乱。因此，Bilin Liang 设计了 GEMZ 项目，以此为这一代人提供服务来发现和发挥他们的优势，进而掌控他们自己的职业和生活。

图 8-25 GEMZ 作品截图 1

GEMZ 旨在使处于职业生涯早期阶段的年轻人能够发现和发挥自己的优势。通过使用实用的框架来收集他人的反馈，并在社区中分享他们处于人生危机时的故事，从而帮助年轻人建立自我意识并掌控未来的职业生涯。GEMZ 作品截图 2 如图 8-26 所示。

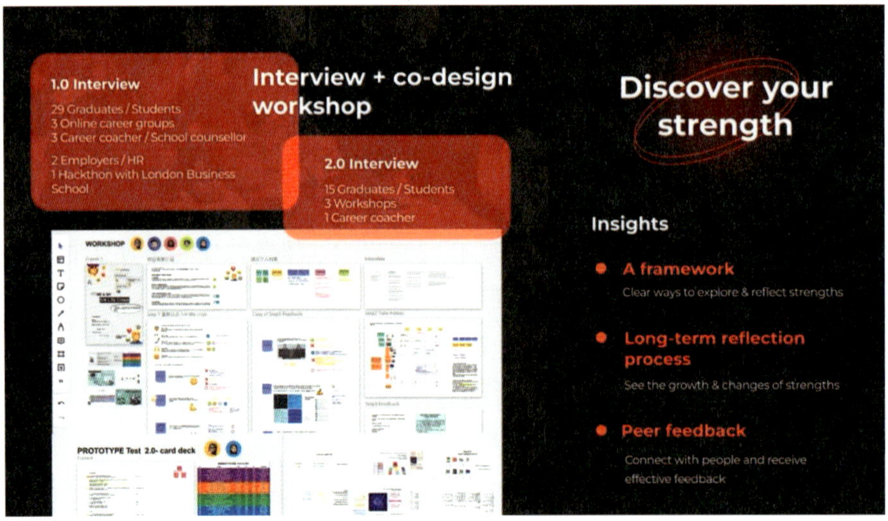

图 8-26 GEMZ 作品截图 2

签名框架：GEMZ 使用了“SIGN”这一框架进行记录，通过一些简单的问题来帮助用户反思日常，然后分析其独特优势。GEMZ 作品截图 3 如图 8-27 所示。

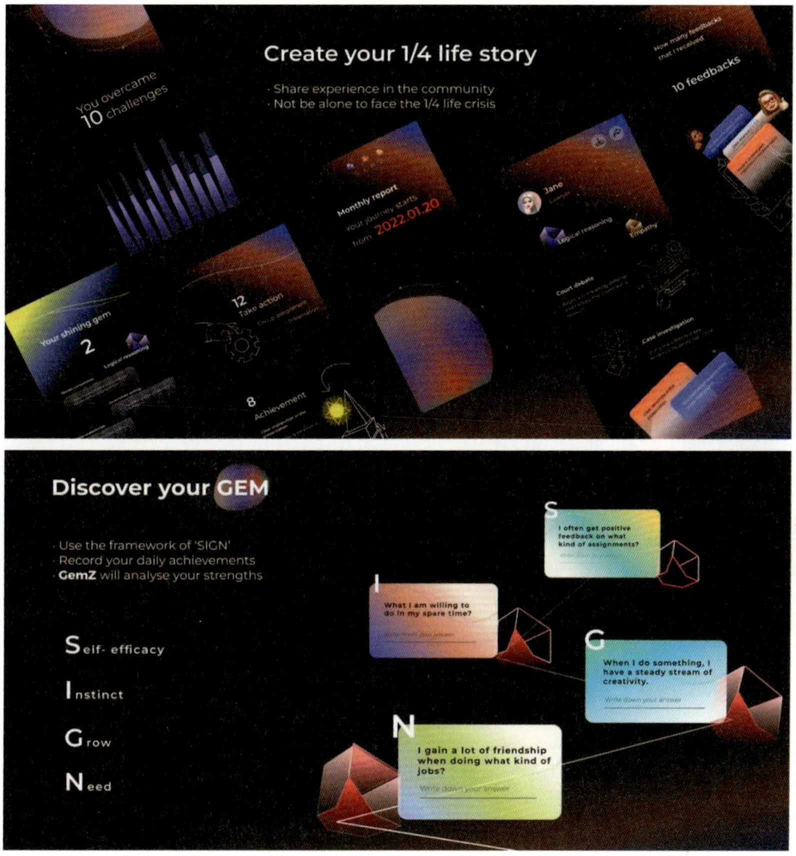

图 8-27　GEMZ 作品截图 3

同行反馈和社区：用户可以向其他人发送问题并收集反馈。此外，GEMZ 社区也提供有关如何发现和发挥优势并帮助用户与其榜样之间建立联系的建议。GEMZ 作品截图 4 如图 8-28 所示。

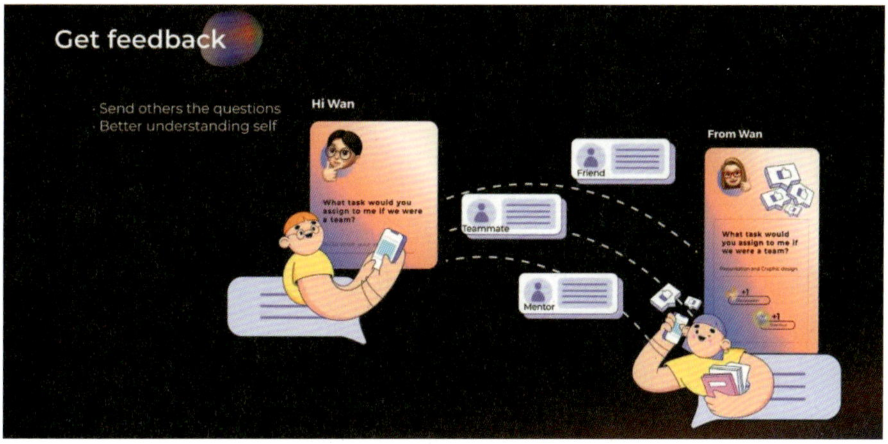

图 8-28　GEMZ 作品截图 4

长期反思:GEMZ 所提供的公众平台每月都会生成用户报告和关于人生危机的故事,来帮助大家更好地了解自己。大家也可以在社区中分享经验,而不是独自面对自己的人生危机。GEMZ 作品截图 5 如图 8-29 所示。

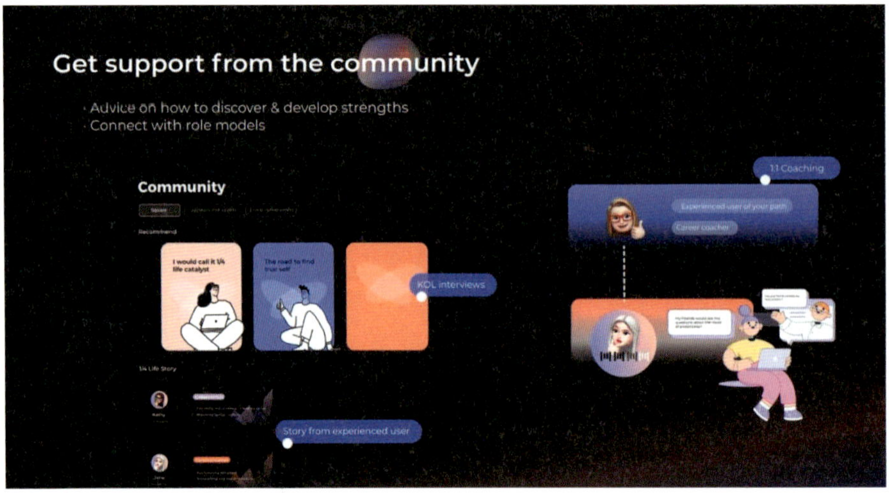

图 8-29 GEMZ 作品截图 5

8.5 范例 5:元气森林品牌电商创意设计

本设计主要是对元气森林这个品牌旗下的气泡水系列进行产品的设计、网页制作和海报制作。元气森林气泡水近几年已经成为健康无糖饮料的代表,是国产品牌饮料里宣传和销售得比较成功的一种。元气森林这个产品并没有太多的平面宣传方式,本次设计作品加进了创作者的一些设计思路和想法。海报方面主要是通过“海绵宝宝”和“跳进夏天”系列来进行制作,通过打线稿,运用饱和度较高、鲜明的颜色进行设计。网页方面采用扁平化的设计风格进行设计,选用绿色为主色调,突出户外的要素,追求充满活力的感觉。

8.5.1 电商形象设计成果

海报制作方面,“海绵宝宝”系列设计采用了海绵宝宝动画片中的形象,如章鱼哥、蟹老板及姗迪;“跳进夏天”系列设计采用扁平化方式,运用蓝色作为主色调,突出充满活力的感觉。元气森林系列海报设计如图 8-30 所示。

网页设计主要采用了饱和度相对较低的绿色、墨绿色、粉色、蓝色和天蓝色。网页设计的整体风格沿用了扁平化的绘画风格,主要突出的是人物,展示人物在海边的形象、在山谷的形象、去露营的形象,主要想突出地表现出元气森林带给人们的一种健康、充满活力、年轻化的生活方式以及追求健康生活的理念，显示出人物的快乐和活力。然后再在画面当中加入适当的元素，字体也选用更加年轻化、更加有趣一些的字体，使元气森林品牌的风格与众不同。元气森林系列电商网站设计如图 8-31 所示。

图 8-30　元气森林系列海报设计

图 8-31　元气森林系列电商网站设计

在移动端设计上，主要是通过手机页面设计来展示元气森林的商品，让大家对元气森林品牌有更好的认识和了解。元气森林系列移动端页面设计如图 8-32 所示。

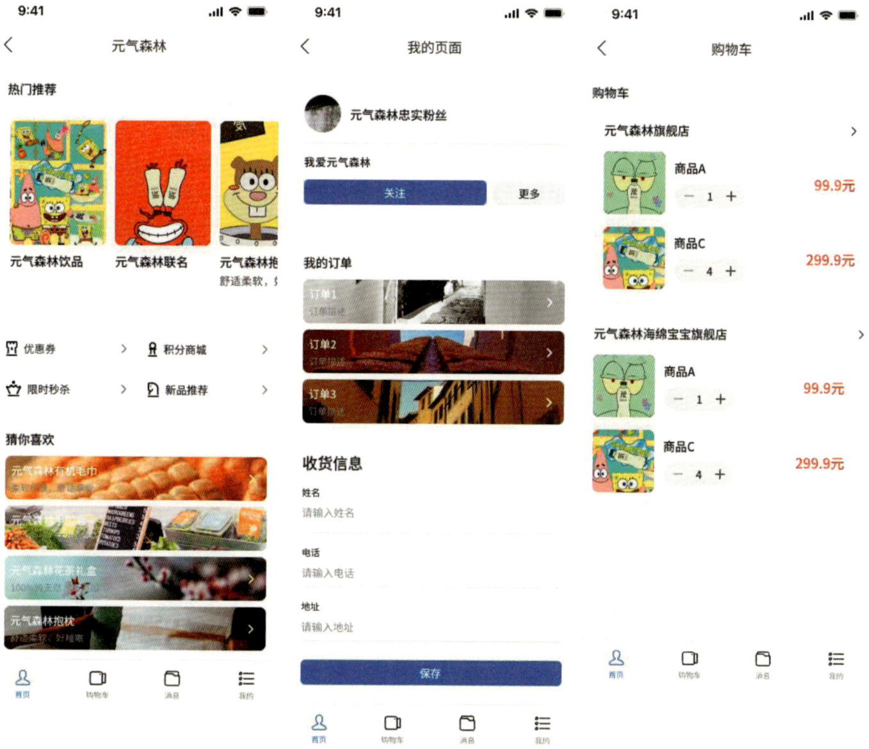

图 8-32　元气森林系列移动端页面设计

8.5.2　元气森林产品图拍摄思路

随着社会的不断进步，经济的飞速发展，越来越多的国产品牌也开始出现在大众的视野中，人们的消费欲望和消费水平也有大幅度的提升，现在人们对于健康饮品的需求也越来越高。不管是普通商品还是一些比较高端的饮料产品，只要质量和口味比较好，符合现在大众的健康需求，设计方案符合大众的审美，都是能够被大众所接受的。

元气森林产品图主要是运用相机拍摄，租借摄影棚以及道具画布，用冰块和水果的元素来进行画面的点缀。粉色和橙色饱和度比较低，采用这两种颜色来突出元气森林年轻化、有活力的感觉；用水果和冰块的元素，主要是想突出元气森林夏天清爽的口感。元气森林系列产品图如图 8-33 所示。

图 8-33　元气森林系列产品图

参考文献

［1］陈家新. 高校本科生毕业论文中存在的问题及对策［J］. 教育科学，2002（2）.

［2］帅如. 以提升用户信任为导向的跨境电商服务设计研究［D］. 上海：华东理工大学，2018.

［3］孟祥斌. 信息化时代下设计艺术的前沿——界面设计浅议［J］. 设计艺术，2006（4）.

［4］［英］史蒂夫·麦克劳德. 摄影后期——拍摄·修饰·洗印［M］. 北京：中国青年出版社，2008.

［5］顾铮. 摄影·社会·空间［M］. 上海：上海锦绣文章出版社，2010.

［6］辛继湘. 课程评价改革的当代知识论基础［J］. 课程·教材·教法，2005（6）.

［7］李莉文，刘雪卉. 教师反馈与思辨能力培养的个案研究——以英语专业本科毕业论文为例［J］. 外语界，2018（6）.

［8］王崇义. 加强毕业论文指导　提升学生综合素质——关于本科生毕业论文若干问题的思考［J］. 外语教学，2004，25（6）：73-76.

［9］王天佑. 大学实用写作中存在的问题与对策［J］. 语文知识，2008（3）.

［10］朱国. 如何撰写本科毕业论文文献综述［J］. 赤峰学院学报（汉文哲学社会科学版），2011，32（1）：124-125.

［11］黄克顺. 中文专业本科毕业论文质量提升的现实路径［J］. 文教资料，2021，23：152-155.

［12］张江. 高校学术论文写作教学探究［J］. 西部素质教育，2019（7）.

［13］何夏昀. 我国艺术设计专业学术论文写作教育问题初探［J］. 美术学报，2010（4）：98-101.

［14］潘英慧. 案例教学法在学术论文写作课程中的运用［J］. 长春教育学院学报，2010（5）：110-111.

［15］张平青，吕良威. 高等院校艺术设计类专业毕业设计（论文）指导［M］. 南京：南京大学出版社，2020.

［16］王晓华. 广告学专业毕业设计指导手册［M］. 北京：中国传媒大学出版社，2022.

［17］陈楠著. 设计思维与方法［M］. 北京：中国青年出版社，2022.

［18］SHARIQUE HASAN，REMBRAND KONING. Designing social networks：joint tasks and the formation and endurance of network ties [J]. Journal of Organization Design, 2020.

[19] ANDREAS FLACHE, MICHAEL W MACY. Small worlds and cultural polarization [J]. The Journal of Mathematical Sociology, 2011, 35 (1): 146-176.

[20] RYAN R M, DECI E L. Self-determination theory and the facilitation of intrinsic motivation, social development, and well-being [J]. The American Psychologist, 2000, 55 (1): 68-78.